影像香巴拉纪实美文丛书

影像香巴拉

生栖秘境

张春文 著

陕西新华出版传媒集团
三秦出版社

图书在版编目（CIP）数据

影像香巴拉.生栖秘境 / 张春文著.—西安：三秦出版社，2021.3
(影像香巴拉纪实美文丛书)
ISBN 978-7-5518-0447-9

I.①影… II. ①张… III. ①散文集-中国-当代②摄影集-中国-现代 IV. ①I267②J421

中国版本图书馆CIP数据核字(2020)第101394号

影像香巴拉·生栖秘境 / 张春文 著

出版发行 陕西新华出版传媒集团 三秦出版社
社 址 西安市雁塔区曲江新区登高路1388号
电 话 （029）81205236
邮政编码 710061
印 刷 陕西龙山海天艺术印务有限公司
开 本 889mm×1260mm 1/32
印 张 7.25
字 数 167千字
版 次 2021年3月第1版
2021年3月第1次印刷
标准书号 ISBN 978-7-5518-0447-9
定 价 68.00元

网 址 http://www.sqcbs.cn

大香格里拉圈示意图（局部）

前　言

丹巴嘉绒村寨

《大藏经》里多处讲到一个在佛教中被称为净土的彼岸世界，一个菩提修成的清净之所——香巴拉王国。经书中说，这个王国被八座莲花瓣状的雪山环抱，那里风景美丽，有草地、森林和湖泊；那里骏马无数，牛羊成群，物产丰富；那里的民众个个身材高大且长寿，他们信仰佛教，不贪不痴而富有理性；王国中央耸立着迦罗波王宫殿，释迦牟尼曾向香巴拉王朝的第一世国王苏禅德喇传授时轮密法……有说法认为，这个王国是佛教的预言；也有说法认为，这个王国是几千年前的真实存在。那么，它存在于什么时间呢？佛经中还有这样的记述：香巴拉第一王朝第一位国王苏禅德喇之后有6位国王，而后的第二王朝共有25位国王，第12位国王叫库里卡，统治时期在公元960年前后，等等。那么，这个王国曾存在于哪个地方呢？

香巴拉是藏语的音译，也译为香格里拉。英国作家希尔顿于1933年出版的小说《消失的地平线》中，以雪域高原的自然风光和民俗风情为参照，虚构了一个迷人的地方，叫“香格里拉”。这个文学中的仙境，让当时文化观、价值观激烈膨胀的西方人受到了极大的冲击，他们沉浸于发现“文明世界”之外的“新大陆”的兴奋中。因此，希尔顿的小说和以此改编的电影在西方红极一时，许多人为寻找香格里拉或蠢蠢欲动或付诸行动。之后，物质文明的畸形发展引发了西方人精神的陷落，他们疲惫而迷惘，企望找到精神的乐园。于是，他们再次把目光投向神性的香巴拉，投向文学的香格里拉。他们相信东方的雪域高原上有一个真实的香格里拉曾经存在。于是，香格里拉成了一个世界性的话题，许多人苦苦地寻找，并在寻找中衍生出许多童话般的奇闻和故事。

人们在寻找中发现，喜马拉雅山脉以北的雪域高原处处若世外仙境一般，尤其是在西藏、云南、

四川、青海四省区的交会地带，佛教中的“香巴拉王国”和文学里的“香格里拉”所提及的诸多自然景观和人文现象随处都可以找到。于是，这片高原地带就被称为香巴拉（香格里拉）。这就是我们现在所说的康巴藏地。

康巴藏地是一片广袤而美丽的高原，是造物主创造的自然殿堂。这里，地形地貌复杂多变，气候类型多样，生物种类纷繁；这里，多条大江南北纵贯，构成了众多峡谷走廊奇观，座座雪山峰峦突兀，宛若上界的琼瑶仙宫，众多湖泊星罗棋布，如同镶嵌于高原的一颗颗翡翠；这里，森林、草地、溪流、鲜花、蓝天和纯净的空气构成的意境，使苍凉冷峻的高原幻化出几分婉约和诗意；这里，梅里雪山、玉龙雪山、贡嘎冰川、金沙江流、怒江峡谷、石渠草原、得荣谷地、亚丁山水、迪庆高原……处处奇景

巴塘县措普沟风光

圣境都是造物主的杰作，蕴含着雄奇而绚烂的魅力；这里，处处圣境都被赋予了美与丑、善与恶的价值观念，从而渗入人们的血液，融进民族的文化。

康巴藏地多条大江南北纵贯形成的一条条峡谷，是古代游牧民族迁徙的通道。先民们在迁徙途中滞留下来，与当地土著融为众多民族。在这里，康巴汉子英勇强悍，纳西女子勤恳耐劳，独龙民族敦厚坚韧，怒族子民纯朴诚信，他们有刚毅的性格、丰富的智慧和不懈的创造精神。他们享受着雪山和阳光的赏赐，放牧于高原、农耕于河谷，创造了气象万千的文明景象：农耕文化、游牧文化、部落文化、氏族文化、牦牛文化、火祭文化、土司文化、古道文化、丧葬文化、生殖文化、医药文化……种种民族历史文化，闪烁着沧桑而绚烂的光芒。

康巴藏地是各种宗教相容共居之地。除了外来的佛教、基督教、天主教、伊斯兰教和道教外，还有萌发于本土的纳西族东巴教、普米族汗归教、怒族原始宗教、彝族传统宗教等。这些诞生于本土的古老宗教，各放异彩，同时又有共同的特征：崇拜祖先、崇拜自然，相信万物有灵。这些本土宗教在开展宗教活动的同时，也担负着传承本民族历史文化的使命。在众多宗教中，藏传佛教占有主体地位。藏传佛教以其超越一切的力量把根须深深扎进

丽江黎明风光（王寿林　摄）

了康巴藏地。在这里，佛教精神家喻户晓，家家设经堂，户户供神佛，建筑、服饰、戏剧、美术、歌舞，无不有佛教的影子，藏族人民的人生观、价值观和道德观，无不融进佛教的精神；在这里，巍峨的寺庙、高耸的佛塔、飘扬的经幡，构成了高原上独特的风景，还有那布满山岭沟谷的玛尼堆上，精美的石刻六字真言，令人读到生与死的哲理；在这里，人们与佛结下了永久的情缘，佛教的宏大主题贯穿于漫长岁月，贯穿于人们生活的方方面面，那些善男信女身挂护身符，手摇转经筒，向神灵和苍天祈求吉祥，更有虔诚的朝圣者，三步一叩首地磕着长头，用肉身丈量着走向灿烂前景的漫漫长途。

康巴藏地是英雄格萨尔征战用武的疆场，至今都留存着格萨尔及众多岭国人物的遗迹。在这里，有关格萨尔的传说、戏剧、石刻和绘画数不胜数，更有史诗《格萨尔王传》以其浩繁的篇幅而成为世界史诗的奇迹。格萨尔的英雄主义精神，渗进了一代代藏族人民的血液，滋养了他们的心理、气质和性格。

康巴藏地是一个建筑艺术的博物馆，那些土石木竹的精巧组合，各有风格，各具形态：雄伟的寺庙建筑、华美的道孚民居、庄重的木雅碉房、简约的金沙江畔木楞房、别具一格的中甸闪片房、精巧的怒江峡谷干栏式建筑等，无不凝聚着各民族丰富的智慧和精湛的技艺。

康巴藏地是一个巨大的服饰艺术展演台，千奇百怪的服装和饰品，令人眼花缭乱：康藏女子珠光宝气的华贵服饰、傈僳族女子的欧勒帽和缀满饰品的外衣、怒族女子缀满珊瑚和铜珠的头饰、怒族男子佩挂长刀和箭包的装束、独龙族男女色彩艳丽的披毯、勒墨人形若喜鹊的外装、苗族记录先民历史的服饰图案……

稻城仙乃日雪山

纳西族三月初五的东巴法会（王寿林　摄）

五彩缤纷的穿戴，体现了各民族丰富的想象力和个性化的审美。

康巴藏地是歌舞的殿堂，各族子民个个是歌舞的高手，他们把激情宣泄于天地之间，他们的生命在歌舞中行进。藏族的锅庄舞和弦子舞、傈僳族的四声部合唱、怒族人的原始摹拟舞蹈、茶山人的“绕棺舞”、拉玛人随兴即唱的开尼、勒墨人的古歌、怒族人唱给猎神的颂词、东巴祭师吟诵的史诗……种种歌舞反映了沧桑的民族历史，表达了对生与死的哲学思考，也抒发了面对生活和人生的炽热感情。

康巴藏地是一个奇异风情和纯朴民俗的荟萃之地：扎坝峡谷和泸沽湖畔的走婚习俗、白玉县父系社会的遗风、怒族持续三天的婚礼、茶山人独特的求婚仪式、傈僳族惊心动魄的刀杆节、拉玛人的“拜日旺”祭祖节、独龙族与宾客共饮“同心酒”、怒族独特的迎宾宴、彝族传统的火把节……种种民俗风情蕴含着丰富的寓意，体现了他们的历史文化和生活观念。

这就是香巴拉——静穆的高原山水和异彩纷呈的文化共同构成的一片雪域乐土，一种诗意尚未被世

巴塘弦子（王秋蓉　摄）

俗荡涤的意境，一种与物欲、伪饰和贪婪相排斥的意境。当人们正在贪婪地攫取财富甚至把神山圣水矫饰一番贴上商标的时候，当物欲把人们诱惑得浮躁不安，以至于纯朴、平静、诚信被渐渐覆盖的时候，香巴拉，一个纯粹如斯的地方，以其自然之美和文化之美所构成的世外桃源般的意境，依然是鲜而不朽的。

香巴拉，让人走进造物主创造的美到极致的自然殿堂！

香巴拉，让人感受到自然与人文的圣洁之美、沧桑之美、诡谲之美！

香巴拉，让人远离浮躁、扰烦，走进明净而高远的境界！

影像香巴拉·生栖秘境

CONTENTS 目录

雪山岩脉（王寿林　摄）

临水而居

在横断山系区域内，最为驰名的古城当数丽江古城（大研镇），这座被誉为“古代民居建筑活化石”的古城位于丽江大坝中部，北依象山、金虹山，西枕狮子山，东南面临沃野平川。古城初始于13世纪末，纳西族第4代土司阿良阿胡被忽必烈封为丽江军民宣慰司（后改为“宣抚司”）使后，其府署就设在这里。百余年后，其后代阿甲阿得归顺朱元璋，继续掌握丽江宣抚司大权，使府署所在地逐步形成了政治、军事、商业和文化的中心。到公元1639

年徐霞客探访丽江时，大研镇已是“民房群落，瓦屋栉比”的名城了。至今，古城风姿依旧，街道、广场、牌坊、水系、桥梁、民居、匾额、碑刻等，一切保存完好，无不体现出纳西人的历史传统、宗教文化和审美情趣。

不过，这座被列入世界文化遗产清单的高原古城的突出个性是它房屋临水而建、水网贯穿全城的建筑格局。在这里，城因水存、水因城在，充分表达了纳西民族崇拜自然、崇拜水的传统文化。古城之水来自城北象山的黑龙潭，源水涌出，溢流成河，下山后分中、东、西三路注入古城，中河为古老的自然河，东河为中河的自然分支，西河为元朝时人工开凿而成。三条河入城后，又分为众多支流，呈扫帚状辐射开去，穿街过户、蜿蜒透迤，形成了条条街巷有溪流、家家门对清凉波的景象。这些溪流随弯就势，曲曲折折，自由延伸，流经全城。不论在哪一条巷，都有溪流在弹奏绵绵不断的曲子。溪边的杨柳婀娜多姿，缥缈挥洒，浓浓淡淡，有雀鸟枝头鸣叫，情趣盎然。临溪横空的是大大小小的石拱桥、石板桥和木桥，共有300多座，把溪流两岸的街道紧紧联系在一起，把整座古城贯穿为一体。

街巷道路曲折通幽，花木簇拥路边，掩映水中，形成一番家家杨柳、户户清流的意境。土木结构的房屋沿河岸修建，依照水流的方向蜿蜒而进：主街傍河，小巷临渠，一街一景，一巷一态；或两街背面相对，中间为溪流让出一条坦途。水边的街道，古香古色、华美雅致，多为二层楼房，块石基础，墙面粉白，黑瓦覆顶。这些传统民居主要有三坊一照壁、四合五天井、前后院、一进院等形式。三坊一照壁即主房为一坊，左右厢房为二坊，主房正面竖立一道称之为“照壁”的装饰墙；“四合”与“三坊”相似，只是照壁后多了一道大门；“五天井”是下房、正房、厢房间形成一个大天井，四角形成四个小天井。其中最为常见的，无论什么格局的建筑，都是屋角飞檐，门窗精镂细刻，饰以长方形、圆形、菱形、扇形花纹，敷以黄绿为主的色彩。大街小巷，砂岩石条铺就的路面，古拙厚重，经过几百年行人步履的打磨，光洁如玉。街道

穿街而过的河溪

雪山·湖泊（王寿林　摄）

古城内的小桥流水

漫步丽江古城，那流光溢彩、绰约柔美的清溪，那絮絮绵绵的杨柳、错落有致的街巷，令人情思飞扬、流连忘返。

和溪流浑然一体，分不清是街沿水布局、随水蜿蜒，还是水随街而转、绕街而行。水、街、树、桥，构成了立体的古城，塑造出小桥流水、杨柳拂风、曲径通幽的景致。漫步丽江古城，那流光溢彩、绰约柔美的清溪，那絮絮绵绵的杨柳、错落有致的街巷，令人情思飞扬、流连忘返。

古城人在漫长的岁月里得益于水的滋润，形成了独特的用水传统。他们在河边开凿出三眼井，从上至下依次排列三个相互贯通的水池，上池食用、中池洗菜、下池洗衣和杂物，这就是最有条件奢侈用水的古城人对水的珍惜。同时，他们又在四方街这个集贸中心的高处建起一道水闸，每天黄昏罢市后，开闸放水洗街，荡涤污物尘泥，开创了河水洗街的先河，这也是惜水有加的古城人的用水奢侈之处。无论是珍惜还是奢侈，都反映出古城人对水的爱惜和敬重。古城人敬水，视水为有灵之物，对水怀有宗教般的虔诚。产生于一千多年前的纳西东巴教，其教义的主要内容就是崇尚自然、爱护自然。东巴教认为人与自然应和谐相处，人要尊重自然，爱护水源，不能污染水源，不能在河里洗污秽物，不能向河里吐痰、倒垃圾等，并有定期祭山、祭树的宗教习俗。丽江古城的水源于黑龙潭，再溯源，就是玉龙雪山的岩脉。在纳西人眼里，玉龙雪山是圣地，是自然

水中祈愿

垂柳依窗　清流游鱼

之神的代表。雪山的水在黑龙潭形成大潭，水面近4万平方米，水质清亮如玉；潭边古栗葱郁、亭阁牌坊巧妙布局，玉龙雪山倒映其中。古城人视此为神水，每年农历二月初八要在此举行隆重的祭自然神仪式，以求风调雨顺、五谷丰登。这种仪式后来演变为一年一度的三月“龙王会”，一直延续到现在。由于黑龙潭在纳西人心目中如此重要，清朝嘉庆、光绪两朝皇帝都曾为其敕封“龙神”之名。古城的水是不竭的活力，给古城注入了繁荣和生机。古韵悠悠的小城因水的流过，呈现灵活格局，因水的装点而充满诗意。古城的水是不腐的精神，给古城人带来了吉祥和灵气。古老的民族因水的养育，奠定了共同的性格基础，因水的滋润，形成了优雅的审美情趣。

白沙古镇·束河古镇

丽江大坝有多个纳西古村镇，著名的有大研古镇、白沙古镇和束河古镇。大研古镇就是后来的丽江古城。

白沙古镇位于丽江古城西北约10千米处，北临玉龙雪山，西依芝山，是纳西族最早的聚居地之一，也是木氏土司的发祥地之一。纳西族进入丽江时，土酋木氏选中白沙这个地方大兴土木，使之成为政治、经济、文化中心。至今，明代修建的大宝积宫、琉璃殿、大定阁依然存在。古镇南北走向，以方形广场为中心，三条主要街道围绕广场呈“丁”字状。街道两侧是民居和店铺，山泉水从北进入广场，又流入居民居住区域。街边古建筑群造型小巧，选址比较低矮，山水环绕，环境清幽。大宝积宫、琉璃殿等在街东，其建筑群的顺序为：山门、前院、藏经楼、琉璃殿、大宝积宫，为三进院落。如今的古镇，已成为以农具和土特产品交易为主的集市。其货物品种极多，用纳西民谚形容：“除了鹿笼头，什么都有卖。”

束河古镇又称“龙泉村”，也是纳西族最早的聚居地，是木氏土司发祥地之一。束河古镇前为平原，背靠玉龙雪山。古镇也有一个四方形广场，与丽江古城四方街极相似，是昔日兴盛的皮毛交易集散地。束河古镇古风犹存，保存有古朴完善的老街道，街上有斑驳的石板路，店铺有古香古色的木板门。每逢集日，四方街人流汇集，颇有旧时之盛况。束河古镇的民居背山面水，自南而北的溪流把村子穿了起来，由此生出纵横交错的深巷。束河民居有住宅和院落之分，但少有装饰和花草，房屋修建时多以石头为建材，石制的屋舍、石垒的山墙、石铺的道路、石砌的拱桥，还有石制的器皿，为古镇平添了几份古拙之趣。束河古镇历史久远，曾对大研古镇（即丽江古城）的建设和布局产生过深远的影响。

善地德格

在我以前的想象中，康藏北部是个荒寂而令人畏怯的地方。自2004年受德格县委常委岑康玉之邀前去德格采访几天后，我就深深地爱上了康北这片土地，以至于此后两年间曾三次从陕南打车到德格及康北各地游走，累计行程近10000千米。

德格县地处金沙江上游的东岸，与西藏江达县隔江相望。境内有雀儿山纵贯南北，将1万多平方千米的土地分割为东西两个区域。东部为丘状高原，地形平缓，地势开阔，山岭谷地落差小，山峰坡度小；西部为高山峡谷地带，地形起伏很大，高低悬殊，其间险峰并列，深谷纵横。境内自然景色雄奇而旖旎，有雪峰冰川银光闪闪，高山湖泊清澈碧透，广阔草原鲜花盛开，莽莽古林幽深诡谲。

然而，德格的魅力还不仅仅在于它仙境般的自然风光，更令人惊叹的是那里荟萃了康巴藏族千百年所创造的文明成果。那里是川藏茶马古道北线的必经之地，是格萨尔王的出生地和征战疆场，也是史诗之最《格萨尔王传》的诞生地；那里因印经院的存在而被誉为藏文化的发祥地，因教派

德格风光

并存、寺庙林立而被誉为藏传佛教的乐土；那里的美术、服饰、建筑、戏剧、舞蹈，样样都独特而绚烂，堪称康巴文化的奇葩。

德格是片古老的土地，早在公元前10世纪左右就有人类活动。秦以前，境内居住着被称为“董族”的土著居民。两汉时期，土著居民与数支西徙的古羌戎融合而形成“动黏”部落。唐代之初，德格分属白兰和附国。唐贞观十二

德格自然景色雄奇而旖旎，有雪峰冰川银光闪闪，高山湖泊清澈碧透，广阔草原鲜花盛开，莽莽古林幽深诡谲。

德格街头的转经老人

年（638），德格属吐蕃王朝所辖的多康六岗的色莫岗地区。到公元9世纪中期，随着吐蕃王朝的衰弱和灭亡，雪域高原近400年间没有统一的统治者，出现了互不统摄的150多个部落和邦国。这其中有一个北宋时期出现的岭部落，就在今德格一带。岭部落原为三部，由三大王统治。格萨尔（约1038—1119）称王后，统一了三部及周边众多部落和邦国，使岭国成为青藏高原东部最强大的一个方国。

格萨尔一生抑强扶弱、爱憎分明、英勇善战、韬略非凡，受到了藏族人民极大的崇拜。他逝世后，康北各地的艺人将其事迹编成诗歌代代传唱。在德格，人们不仅说唱格萨尔，藏戏里也演格萨尔，唐卡上也画格萨尔，石头上也刻格萨尔，神龛上也供格萨尔。格萨尔的英雄主义精神，已成为德格人乃至所有康巴藏人的精神支柱。

德格不愧为藏传佛教的乐土，在整个康藏地区，独有那里的佛教气氛最为浓厚。由于康区历史上没有出现某一教派组织掌控政教大权的局面，加之德格历代土司奉行不分教派、一律支持的宗教政策，藏传佛教的噶举、萨迦、宁玛、格鲁及本波派都相继在德格境内传教建寺，出现了各教派相容共存、平衡发展的局面。中华人民共和国成立前，在德格土司所辖的德格、白玉、江达、邓柯、石渠5县内，各教派寺庙达200余座。至今，仅德格县境就有大小寺庙58座。其中，八邦寺、更庆寺、竹庆寺、协庆寺、顶青寺、宗萨寺等，因历史悠久、文化底蕴深厚、规模宏大而在康区乃至全藏区都有一定的名望。如位于德格县城的更庆寺就是萨迦派的一座规模宏大的寺庙，自明末清初时期第六代德格土司嘎马松开始兴建，后经第七、八两代土司相继努力而完工。清雍正年间，第十二代土司登巴泽仁又耗时数十年，在更庆寺旁修建了气势恢宏的印经院，并将其交由更庆寺管理。1986年，经十世班禅大师亲自选址，又修建了占地约2公顷的更庆寺主殿。主殿高大气派、巍峨庄严，内有108根大柱，是全藏区萨迦派寺院中最大的经堂。历史上该寺不设活佛，寺庙领导权由土司家族世袭掌管，在政教大事上唯土司之命是从，在政治、经济、商业、武装等方面土司享有一定特权。

更庆寺所辖的印经院和独具特色的藏戏使它声名远播。印经院被誉为藏文化三大发祥地之首，不仅藏有各教派重要经典和部分世俗文献，还有20多万块经文雕版和画版。该印经院印刷的经书因版本正宗、书法漂亮、无错别字、纸张优良，被国内外寺院和研究机构视为范本。该寺的藏戏演出始于17世纪，当时的土司向巴彭措为宣扬佛法，命更庆寺组织僧徒排练演出藏戏。自此，这一习俗沿袭下来，至今已有300多年的历史。更庆寺的藏戏演出有自己的程式，其音乐舞蹈吸收了民间音乐舞蹈和寺庙音乐舞蹈的成分，因而有了与其他地方藏戏迥然不同的特点。

教派并存和寺庙林立的局面，带来了人才辈出、文化繁荣的结果。各寺院历来都重视佛学文化的传承和传播，曾培养出一大批佛学理论家和高僧大德。他们在佛教哲学、佛教理论、佛教历史及文学、语言、医学、建筑、美术等方面取得了丰硕的研究成果，并著有大量的著作。很难想象，就在至今也仅有9万多人口的德格县，佛教文化曾造就了数十名享誉藏区、名留史册的人物。如：帕木竹巴·多吉杰波（1110—1170），佛学家，曾任忽必烈帝师；噶玛拔希（1204—1283），噶玛噶举派最高领袖，曾被元朝成宗皇帝铁穆耳尊为帝师；桑哥（1230—1289），精通藏汉蒙维多种语言，曾被忽必烈封为尚书右丞相兼总制院使；活佛司徒·曲吉迴乃（1700—1774），精通大小五明学，一生著书120多部，并主持了130部的《甘珠尔》的编辑和刻版工作；佛学家贡珠·颜登降措（1803—1899），平生编著经曲50多部，多部著作被佛界视为有史以来最杰出的作品；佛学家巴珠·邬金晋美秋吉旺布（1803—1881），被佛界誉为修行成佛的“活金刚”，他编著的《普贤上师言教》成为宁玛派和噶举派引领众生向佛的唯一教材；佛学家降央钦则翁波（1820—1900），一生著书50多部，主持修建寺庙100多座，桃李遍布康区，被誉为“活着的文殊”；八邦寺高僧米旁·降央朗杰嘉措（1846—1912），著有《米旁全集》32部，有“医圣”和“文豪”的美誉，等等。

高僧大德们不仅创造了佛学文化的繁荣，也引领着天文历算、医学建筑、文法修辞、文学艺术等世

德格县城一角

俗文化的发展。如独具特色的南派藏医药就起始于德格的寺院，经历代高僧的探索总结，理论和实践两方面都趋于完善。至今藏族人民认为行之有效的几种藏成药的配方，就是几百年前寺庙所研制的。著名的德格藏医院，也是从过去更庆寺医疗组的基础上发展而成的。民间的戏剧、舞蹈，木雕及金银首饰、神龛佛像、藏饰器皿、珊瑚玛瑙等器物的制作技艺，也往往是由寺庙传入民间的。德格有个八邦乡被誉

德格女子跳锅庄　（多吉彭措　摄）

德格锅庄舞

为“绘画之乡”，那里的藏族人民受八邦寺影响而兴起了绘画之风，其中有不少人卓有成就，他们的画已经形成流派。八邦寺在清代曾出现过几位有名的喇嘛画家，到20世纪又出现了大画家通拉泽翁（1901—1988），他精通佛学、知识渊博，自幼爱好绘画，经过几十年刻苦探索，在传统画法的基础上不断创新，一生绘画9000余幅，在国际上被誉为“神奇画家”，为德格赢得了“康巴传统藏画发祥地”的美誉。以通拉泽翁为代表的噶玛嘎孜画派的作品讲求构图的疏密关系，多采用铁线描法，遵循鸟瞰式散点透视的规律，利用有限的画面巧妙地将上至天界、下至地狱，上下几千年不同时间、不同地点的人物故事组织在同一画面上，创造出可望、可居、可游的艺术境界。绘画的内容主要有显密神佛像、传承祖师、高僧大德、护法神和建筑、社会风俗等。

德格是川藏茶马古道北线的必经之地。康北与西藏的往来交通，别无选择地要经过那里的雀儿山和色曲河峡谷。千百年来，不仅有无数的马帮、官差和僧侣来来往往，给这片土地带来了喧腾和繁荣，更有吐蕃大军、噶厦政府军、川军、土司军相继在这里演绎了血与火的故事。1950年，解放军第18军解放西藏，也是翻过雀儿山，沿色曲河谷西下，渡过金沙江岗托渡口到达西藏昌都的。

德格丰厚的文化沉淀令人惊叹，但它的县城却小得叫人吃惊。县城叫更庆镇，镶嵌在色曲河谷中段，那里决然没

锅庄舞

有足球场那样大的一块平地。民国时期，那里只有百十户人家，20世纪80年代以前，也只有三条满是泥土的小巷。更庆镇一直是德格土司官寨所在地，自元代德格家族将女嫁于林葱家族而换得色曲河谷的地盘后，就在更庆建经堂和官寨，从此更庆就成了德格土司政治、经济和军事中心。现在镇子发展了，有了高耸的楼房，但也决然没有城市的气派。山坡上的藏居和僧房随坡就势、

鳞次栉比，显得传统而古朴。只有河边宾馆大楼前面弥漫着一派现代气息，小汽车络绎不绝，一批批洋人、学者、记者来了又走，走了又来，他们无不为德格佛教文化的广博和印经院典籍的浩瀚而震撼。

我每次漫步于更庆街上，都会想起一个词：人杰地灵。文人们在介绍任何一片地域时都喜欢使用这个词，但我只有面对德格时，才真正体会到这个词的含义和分量。我的几位熟人也曾驶车到康巴藏地游走。他们喜欢那里的山水，但说到那里的人文就离不开这四个字：落后、愚昧。这是因为财富欲、功利欲极度膨胀后，人们就会把科技和商业当作文明的全部，把享乐发出的吼叫当作艺术，因而就对传统的文化、古朴的精神嗤之以鼻。我相信随着时间的推移，物欲的狂潮终会退去，浮躁的狂潮终会退去，独留古老文化的结晶绽放出永久耀目的光辉。

只有面对德格时，我才真正体会到“人杰地灵”这个词的含义和分量。

小镇马尼干戈

雀儿山下的马尼干戈镇

自甘孜县驱车北去三小时，前面出现了一个小镇。小镇是公路的分岔口，镇西的公路去往石渠县和青海，镇东头的317国道去往德格县和西藏。这就是位于雀儿山东麓的马尼干戈镇，属德格县。远望去，小镇是极美丽的，位于低洼处，四周环围着逶迤连绵的山梁和绿色的草坡。

走进小镇，两侧是彩绘浓艳的藏房，嘈杂于耳的是一句也听不懂的藏语。迎面而来的藏族人民，向你投射过来鹰鹫一般的目光，犀利而坚硬，这不仅加深了我的陌生感和孤寂，还使我感受到一种肃杀的氛围。我知道这个小镇是古道上的一个大驿站，是康北与西藏往来的必经之地。旧时那些携枪带刀、千里跋涉的驮队，那些敢于把生命和财产孤注一掷的赶马人和藏商们，往往要在这里歇脚、住宿、用餐，他们大碗地喝酒、大块地吃肉、大声地歌唱、大声地喧闹，用狂悍和野性塑造了这个荒远小镇的性格。这是个典型的康巴小镇，狂悍而冷峻。我告诫同行的司机小熊，虽然我两年前来过这里，但那时是与德格县一位领导同路，现在只有我们两个外地人，言行都要小心谨慎。

从马尼干戈镇西去德格，要翻越雀儿山，山顶垭口的路面海拔是5050米。司机第一次来，我执意要去药店给他买些抗缺氧的药物，我俩就走进了我曾去过的一家藏医诊所。刚进门，没等我开口，诊所的医生——一个体壮腰圆的汉子就说："还是要红景天、肌苷口服液和葡萄糖么？"他边取药边说，"你以前也是买的这些药，记得啵？"我惊异于这位康巴藏人的记性，两年前我和德格县委的达娃泽仁来过，也是买了这些药。我拿了药，告别医生向街上走去，那位康巴医生又追出门叮咛道："要上山前半小时把药吃了，记住！"我不住地称谢，感到有股暖流流遍全身。

买了药，我们又去镇子西头的小饭店吃饭。正是中午，天上突然下雨了，我们在店前停了车，就匆匆向小店走去，女老板正站在门口朝我们笑着。我同达娃泽仁在此吃过两回饭，显然她认出我了，笑得很热情，我也就毫无顾忌地进了她的厨房，选择了些时令蔬菜。吃饭时，她静静地坐一旁望着我们，似乎她并不善言谈。直到我们上车要出发时，她来到车旁大声地叮咛道："时间不早了，路上不敢耽误，天黑后不安全。"

这就是我在马尼干戈接触到的两个康巴人，一男一女，都是中年人，都会说汉话，也都是热心肠的人。

德格阿须草原

英雄故地

格萨尔纪念堂

清晨，乘车从马尼干戈镇子往阿须草原去，沿途的景色出奇地美。草地是被夜雨洗过的，格外鲜净，远处起伏的山冈，弥漫着乳白色的山雾，河湾和山麓散落着点点黑色的帐篷，有牦牛和羊群在那懒散地徜徉。群山并不高峻嶙峋，却绵延壮观。汽车绕过几个山湾，会见到一个插满经幡的山头，继而山湾里就现出一个塔状的金顶，随即会亮出一座辉煌壮观的寺庙……然而，我却未能尽情欣赏这些秀丽而静穆的景致，因为对车里同行的岑康玉女士心中存有歉意，一路上都感到忐忑不安。她是为了引领我去阿须草原拜谒格萨尔故地，昨天晚上从德格县城驱车120千米赶到马尼干戈镇子上来的。这位县委常委兼宣传部部长对于宣传、弘扬格萨尔文化，真是煞费苦心了。

此前，她曾不止一次地在电话里对我说，格萨尔不仅是一个史诗人物，也是一个实实在在的历史人物。他出生在阿须草原，少年时在打滚乡、热火通等地放牧，成年后开始了他的征战生涯，与其兄贾察建立起一支有30员大将、数万兵力的军队，长期征战于甘孜各地及青海南部和西藏东部，以武力统一了100多个部落和邦国，建立了强大的岭国，在各地都留有遗迹。到了德格，是应该去看看格萨尔遗迹的。现在，在汽车的轰鸣声中，她又如数家珍地向我介绍了格萨尔的遗址遗迹。她说，随着格萨尔文化研究的深入，格萨尔和他的爱妃及

格萨尔纪念堂内的格萨尔塑像

格萨尔故地的兄巴部落藏族同胞每年都要举行纪念格萨尔的赛马大会，届时人们从四面八方汇聚而来

勇将们在甘孜各地留下的遗址遗迹都一一被发现确认，仅德格县境内就有近200处，其中龚垭乡有10余处，俄支乡和阿须乡分别有数十处之多。这些遗迹中最著名的，有岭国古都遗迹、爱妃森姜珠牡官寨遗迹、贾察王古都遗迹等。她告诉我，众多古迹中最为重要的当数格萨尔故地，虽然关于格萨尔王的传说和故事不乏穿凿附会之处，但格萨尔出生于阿须草原的吉苏雅格康多的说法，是国内外众多藏学专家、“格”学专家和佛界高僧大德所公认的。

汽车颠簸了近4个小时，终于来到雅砻江畔的阿须草原。放眼望去，这个四山环抱的阔坝，草木旺盛、风光旖旎，有两条河流分别从东边和北边山中逶迤而来，在坝子中央交融汇合后又向西南逶迤而去。坝子西侧有村寨、寺庙，东侧就是吉苏雅格康多，后依峻岭，前傍溪流，面对山梁。史诗《格萨尔王传》中曾这样描绘了格萨尔的出生地：“要说觉如（格萨尔小名）的出生地/名叫吉苏雅格康多/两水交汇潺潺响/两岩相对如箭羽/两个草坪如铺毡/前山大鹏凝布窝/后山青岩碧玉峰/右山如同母虎吼/左山矛峰是红岩。”史诗描绘的与眼前所见地貌和环境完全吻合。就连格萨尔诞生于青蛙巨石边的说法，这里也确有

兄巴部落一年一度的纪念格萨尔赛马会（岑康玉　供）

佐证——草坝北侧确有一块巨石形若青蛙，巨石边有一个圆形玛尼石堆，中间竖着一根玛尼旗杆。据说这是格萨尔母亲在他降生时埋藏胎衣的地方，早先这里长着一棵大树，树枯死后当地群众在此堆起玛尼石以表示对英雄的崇敬。岑康玉告诉我，阿须乡境内的兄巴五部落的群众对格萨尔最崇敬，每年藏历五月十五日煨桑节或其他节日及举行大型佛事和赛马活动时，他们都聚集一起，高举印有格萨尔征战画像的五彩旗，按传统习俗走马布阵，围绕煨桑台转三圈，之后还要举行跳演格萨尔藏戏的活动。

草坝中央赫然入目的是一尊格萨尔全身塑像，铜质、高10余米，是格萨尔身着战袍铠甲，背插旗帜，手持宝刀，胯骑战马，飞奔驰骋的造型。塑像形神粗犷潇洒，与史诗中勇猛善战、足智多谋、意志坚定、不畏强暴，一身浩然正气的英雄形象完全吻合。这尊重达3.6吨的铜像是由社会各界捐资，于2003年塑造成功的，同年8月23日举行落成典礼那天，有上万藏族人民及众多海内外专家学者前来参观。塑造格萨尔像是藏区民众的共同愿望，这尊铜像的落成，在千千万万格萨尔后裔乃至整个藏族

格萨尔纪念堂

阿须草原上的格萨尔铜像

人民的心中树起了精神的坐标。

铜像东北数十米处坐落着格萨尔纪念馆，这是幢红墙平顶的二层藏式建筑，前面连接着一个院墙环围的院子。据岑康玉介绍，清朝以前，这里曾有一座纪念塔，格萨尔后裔、林葱土司翁青友加执政时期（即清道光年间）这里曾建有格萨尔家庙，并保存有格萨尔及其大将们的遗物，有兵器、战服、袈裟等文物上千件，其中有格萨尔使用过的刀、矛、盾、弓、剑、盔甲，以及穿过的衣服、用过的生活用具和1枚象牙图章，共10余件。可惜，1966年“文化大革命”中庙宇被毁，这些珍贵文物也流失了。到20世纪80年代末，县上开始筹划复建格萨尔纪念馆，在巴伽活佛等人的努力下，历经10年，于1999年建成了这座纪念馆，并由巴伽活佛委派喇嘛担负起管理职责。

我们来到纪念馆门口，一位年轻喇嘛打开大门引导我们穿过庭院进了纪念馆大厅。也许是由于财力所限，纪念馆大厅修建得并不宽敞，所有塑像只好密集排列。迎面挺立着格萨尔乘骑骏马、身穿铠甲、手持宝刀的全身像，与草坝上铜像的创意和造型近似。不同的是格萨尔身后有一个大圆盘，上塑大鹏、青龙、白狮、红虎狼等13位畏尔玛战神。正中靠墙左右塑有岭国最尊崇的12位大佛、菩萨和圣者。左右分别有20尊坐像，是格萨尔的管家和战将。正中右方和左方站立着格萨尔的8位爱妃。大厅左右侧墙边神龛上塑有释迦牟尼在世时因传播佛教思想而闻名于世的80位大成就者。所有塑像的造型与所持器物均与史诗中的描绘相吻合，大小比例与真人相似。目睹着塑像，聆听着岑康玉和年轻喇嘛的解说，我的思绪飘入了历史的深处，格萨尔这位神话般的史诗人物变得真实而形象了。

走出纪念馆，本要去巴伽活佛家拜访的，喇嘛说他不在，到北京去了。时间尚早，我们又恋恋不舍地在格萨尔铜像旁的草地上徜徉起来。这时，纪念馆二楼护神堂里隐隐地传来喇嘛诵经的声音，舒缓而悠扬，在寂静的草地上轻轻地荡着。岑康玉说，这是僧人在向岭国护法神祈祷。我听着这肃穆而神秘的诵经声，笃然感到神和人、僧和俗的距离竟然这样的近——同一个格萨尔，既可视为一个民族英雄、一个历史人物，又可被佛界视为无量光佛、观音佛和莲花生大师三佛一体的化身，却并不矛盾：同样是为了纪念格萨尔，僧人有僧人的表达方式，俗人有俗人的表达方式罢了。

龚垭古堡

自德格县城沿色曲河峡谷而下，十余里就到了龚垭乡境内的龚垭寺。这个不大的寺庙所在的河谷东侧山腰台地，就是岭国时期贾察大将（贾察王）建都的地方。

史诗《格萨尔王传》中的贾察，是一个英雄人物。他一生率军东征西讨，协助格萨尔征服了众多部落和方国，战胜了众多恶魔，建立起强大的岭国；死后，又成为神仙，多次下凡协助格萨尔击退敌国的侵略。贾察又是一个实实在在的历史人物。据德格县调研员、藏族学者泽尔多吉介绍，贾察是格萨尔同父异母的哥哥，系中岭幼系部落首领僧伦王汉妻拉呷志玛所生，与格萨尔协同征战数十年，建立了赫赫战功，在30员大将中排位第二，在德高望重的“七君子”中也排位第二。岭国建立后，格萨尔派他镇守中岭国（岭国分上岭、中岭、下岭三个地区），并把龚垭一带给他

岭国的军事哨堡遗址

岭国幼系部落的都城遗址，相传格萨尔同父异母的兄长贾察曾驻守于此

作封地。龚埡在岭国诞生前就是岭部落支系的老根据地，贾察受封后，就在龚埡乡更达村境内的拉翁通山上（今龚埡寺所在地）修建了中岭国的都城。后来，霍尔国白帐王率军入侵岭国，贾察率兵出战，不幸战死于战场，从此人们尊称他为“贾察王”。

贾察王古都的王宫建在龚埡寺背后一个突兀嶙峋的山包上。山包高数十米，坡陡路险，攀爬可上。其上为一个千余平方米的平台，四周陡峭的地方还残存有古代石砌的围墙根基，平台中央坐落着呈四合院式的夯土筑成的平顶旧式碉房，就是贾察的王宫（现在设有经堂，住有僧人）。泽尔多吉说，据资料记载，这座王宫的墙基里浇铸有生铁，但因荒草和浮土的掩盖我们没能看到。在山包上可俯视四野，

这一处军事哨壁已成为寺庙的宗教用房，其根基由铁水浇铸

山顶上的军事哨堡，历时千余年屹立不倒

地势非常险要，加之石砌围墙的护卫，确有“万夫莫开”的坚固。山包后是片低洼开阔的土地，再往后，是一座驼峰形高山，其上有两座古碉堡遗址，相距200余米。据说，这是当时的哨所，在那里可以看得很远，哨兵发现军情便可迅速通告山下驻军。古碉大若一幢住宅，但顶部早已不存，只剩下残破的土黄色高墙寂寞地耸立着，就像两个侍卫，忠实地护卫着前方的古都。

这座历时千年的古城堡建筑立在需攀爬才可到达的险要处，且规模也只能与现代藏

民间流传着许多关于他的传说：古城堡东南山脚下，有8座佛塔，其中一塔顶上长着一棵10余米的柏树，传说是贾察的显灵处；前方三山环抱的一块开阔地叫拉翁通，相传是贾察遇见神仙白梵王的地方……

族同胞的民居相比，充其量可算作一个军中要塞，让人无论如何也与莺歌燕舞、金粉脂黛的贵族生活联系不起来，哪里还有一点王者的风范？由此，我们就能想到当时形势之险恶、战争之频繁、生存之艰辛。

我问泽尔多吉，王都怎么会选择了这么个偏僻而陡峭的地方？他解释说，这个地方可算作岭国东部的一道门户，从这个峡谷沿317国道西去20千米，就到了岗托渡口，过江就是西藏，是茶马古道必经之地，是康藏经济文化交流的通道，具有重要的军事地位。

据泽尔多吉介绍，贾察王在这方圆百里多有活动，民间流传着许多关于他的传说：古城堡东南山脚下，有8座佛塔，其中一塔顶上长着一棵10余米的柏树，传说是贾察的显灵处；前方三山环抱的一块开阔地叫拉翁通，相传是贾察遇见神仙白梵王的地方；沿山谷而下十多里处，有山崖形如头戴缨盔的贾察，传说那是贾察的化身；旁边有一岩洞，传说为贾察上师大喇嘛穷波尼玛降称修行的崖洞……

种种传说都证明，贾察是根植于岭国山山岭岭、根植于藏族人民心中的英雄。

古堡旁的佛塔

古堡河谷被视为圣地

石渠印象

冬季草原（陈学积　摄）

在青藏高原东南缘川、青、藏接壤地带，有个离太阳最近的地方叫石渠。巴颜喀拉山脉、沙鲁里山脉在这里绵延，雅砻江、金沙江、查曲河纵贯全境，形成了石渠独特的生态格局。这里的草原是四川省最大的湿地草原，镶嵌着雄壮的雪山和奔腾的江河，点缀着一个个翠蓝的湖泊，是黑颈鹤、天鹅、金雕、白唇鹿等多种珍稀动物栖息繁衍的天堂。石渠草原广袤无垠、风光旖旎。夏季来临，碧绿的草原点缀着红、黄、白、紫各色野花，如仙女织成的锦缎，牧民的帐篷星罗棋布，牛群和羊群缓缓地徜徉着，天上的白云悠悠地蠕动着，如同一

幅多姿多彩的图画。到了金秋，2000多平方千米的草原就成了色彩的世界、花朵的海洋，绚烂夺目、流光溢彩。

生活在这片草原上的藏族人民，崇拜太阳、崇拜草原。他们有广阔博大的胸怀，有奔放豪迈的性格。千百年来，他们演绎了关于太阳、草原和人的故事，创造了丰富灿烂的文化。他们的歌喉雄浑嘹亮，他们的舞姿刚劲潇洒，他们的服饰绚烂典雅，他们的宗教丰富深厚，他们的信仰根深蒂固。

石渠县有萨迦、宁玛、格鲁、噶举四大教派寺庙46座。这些寺庙既是佛教文化、世俗文化和珍贵文物的宝库，又是高僧大德、佛学英才的摇篮。清代时就曾出现过几位名贯藏区、名贯佛界的高僧和学者。巴珠·吉麦却吉旺波曾著有宗

溪边梳妆（多吉彭措　摄）

康北舞蹈，动作极为奔放（多吉彭措　摄）

教历史、文学方面的多部著作，其《出世法言·莲苑歌舞》是藏族人民熟知的寓言名著。高僧米旁·降央朗杰嘉措在藏医学和文学方面有极深的造诣，对藏文化的发展做出了杰出贡献，在藏区有“医圣”和“文豪”的美誉。他的《国王修身论》《米旁全集》是藏文化中的砥柱之作。石渠还有道“信仰的长城”，叫巴格玛尼墙，最高处约3米，厚2~3米，长达1600米，已有几百年历史。人们称此为“善墙”和“恶墙”，与弃恶扬善的故事有关。石墙以彩绘玛尼石片垒成，寄

石渠锅庄舞（多吉彭措　摄）

托了无数善男信女的心愿。

石渠是格萨尔王曾经征战、驻军的地方，格萨尔的遗迹遍布这片土地，格萨尔的故事传遍村村寨寨。据记载，格萨尔的两位出色大将贾察夏呷尔和察香丹玛绛查的主要活动地就在石渠，霍岭大战等几次大的战役也在石渠发生。至今境内还有贾察大将的石像、宫殿、城堡遗址等。更令人震撼的是，在距县城90千米的草原深处有一处叫“松格玛尼”的石经城。这是一座信仰之城，一座历史之城。这座高十余米、长百余米的方形石城，据传说是当初为了超度格萨尔军队阵亡将士而垒起的玛尼堆。后由于人们争相朝拜英雄，每人都愿意为玛尼堆增加一块石头，使之越垒越高，最终变成了石城。直到今天，这座石头城依然被人们向往、崇敬。

石渠地处四川甘孜与青海玉树地区之间，早在部落时期，它就是川、青交通必经之地。近千年来，茶马古道南北贯通，这里就成了商贾、马帮往来穿梭的地方。长长的牦牛队或骡马队结队远征，或北上青海去驮盐巴，或南下康定驮茶叶，他们都曾在这广袤的草原上演绎过迷人的故事。

夏季的石渠草原

草原上的伙伴

移动的寺庙

这可能是最奇特的寺庙了——帐篷寺庙。这由黑色牦牛毛编织的大帐篷有三四十平方米，里面供有神像，设有神龛，置有法器、酥油灯。帐篷顶部垂吊着五彩的幢幡、经旗。神龛随意搭就，显得简陋。帐篷寺庙虽小，却也有喇嘛、堪布和活佛，平日他们在家，有佛事活动就来寺庙了。为我领路的石渠县委李先生说，部落迁徙时，这帐篷可拆卸为6块，由6家人保管，法器、佛像也分散至各家，这样寺庙就可以搬走了。

这种移动之寺，缘于逐水草而居的查加部落的生存环境和生栖方式。

扎溪卡草原有18个部落，统称为太阳部落，因为部落成员自古就崇拜太阳。其中，游牧于石渠县东南贡玛乡的查加部落，是百年前从南部迁徙而来的，至今只有六七十户人家，仍保留着一些古代沿袭下来的戒规和习俗。他们随水草而居，冬住黑帐篷，夏住白帐篷；游牧为生，以牛粪为燃料，立石为柱，支锅于上；人人佩刀，喜好歌舞，性格坚韧豪放。

这个部落很少与外界往来，世代游荡于无边无际的山峦与草坝上，年复一年地过着单调而寂寞的日子，只有宗教信仰能给他们无尽的想象，给他们无尽的欢愉和力量。

生栖秘境
影像
香巴拉
SHENGQI MIJING

川藏第一渡

从德格县城沿色曲河峡谷而下，仅30千米就来到了金沙江的岗托渡口。举目环顾，东西两侧是巍峨挺拔的高山，金沙江水浩浩荡荡地在深谷里奔腾、喧嚣，万古如斯地展示着它的恢宏气势和惊世骇俗的容姿。大江对岸巨大的崖岩上刻着两个毛体大字：“西藏”，那里属西藏昌都市的江达县。

金沙江岗托渡口

渡口一带的女性头饰

这个高山峡谷中的古渡口，是川藏交通的必经之处，是川藏民族经济文化大通道上的一个节点，茶马古道自成都或雅安出发，经过甘孜和德格，必须在这里渡江才能到达昌都和拉萨。千百年来，成千上万的马帮，无论是康区商人、寺庙商队或是土司头人等贵族商队，无一例外地都要在这里接受惊涛骇浪的考验。无论是运往西方的茶叶、红糖、布匹和铁器制品，还是运往东方的皮毛制品、藏地药材和印度玉器，统统都要卸驮于江边，然后，分批以木船装卸渡江。清时渡口有专门的船工（藏语发音同“帜瓦”），马帮过河要给船工交钱，船工又要给头人交钱。据史料记

位于西藏江达县的渡口村寨

载，元明清到民国，除了大雪封山的冬季，每天这里两岸待渡的马骡有上千匹之多。若遇洪水暴涨，可就苦了千里跋涉的驮队。因为船工不敢冒险开船，他们两三天地在岸边等待，货物堆积几里路长，赶马人在临时搭就的帐篷里无奈地饮酒、饮茶。只有拴在山坡上的骡马显得悠闲自得，它们经过千里跋涉，终于可以轻松了。若有翻船，船工和马帮及货物被大浪吞没时，两岸观望的人们会默然竖起经幡，超度亡灵早日升天。但驮队没人会退缩，还是企望早点乘船渡江。

交通要冲往往也是军事要地，岗托渡口就因为其特殊的位置而成为兵家必争之地。古代康区的方国和土司军队在多次交战中就曾以这个渡口为据守和进攻的要地。1930年至1932年，川军和藏军在甘孜州演绎了铁与血的活剧后，藏军溃败金沙江西岸休战，最后签订的《康藏岗托停战协定》也是以金沙江为地理分界的。据藏族学者泽尔多吉介绍，1950年，张国华率中国人民解放军第18军解放西藏时，主要兵力就是从这里渡江西进的，渡口西岸那个10余米高的圆形石垒建筑，就是当时藏军为阻止解放军而建的碉堡，江东岸也有解放军临时修建的小型碉堡，但都已不存。藏军碉堡居高临下，渡口江面尽在视野中，也算是“一夫当关，万夫莫开”了。然而，在这个渡口上当时一枪未响、一兵未亡，解放军就顺利渡江了，原因是解放军解放西藏受到了藏族部分上层人士的欢迎。德格女土司降央伯姆、大头人夏克刀登（原为德格土司管家）等人给解放军提供了支持和帮助，据守江边的藏军最终放弃了抵抗。

德格的土司头人在1936年红

军经过甘孜时，就与红军建立了关系。所以18军解放西藏时，德格土司及管家们做好了18军进藏的安全和支前工作。他们一方面与西藏上层斡旋，一方面组织藏族人民支前。当时还没有川藏公路，从四川成都至西藏腹地有2000多千米，从四川雅安到西藏东部的昌都也有1000多千米，军用物资的运输是极难的事。德格民众便承担了主要运输任务，他们组织马帮把军用物资从甘孜州境内运到岗托渡口，然后渡江运往西藏，一个来回就是一两个月。据有关资料记载，仅1950年下半年德格县就派出了支前马牛4000多匹（头），完成了5万多驮的运输任务。1951年，中共康定地委派人接管了德格县后，支前工作便在人民政府组织下继续进行。自1950年至1952年，德格县3年出动马牛1万多匹（头），完成20多万驮的运输任务。

1952年，成都至岗托的公路通了，这是川藏公路的东段；1956年，又修通了岗托至拉萨的公路，这是川藏公路的西段，东西段共长2500多千米。但当时仍没有能力在

解放军修筑的碉堡

解放前，藏军修筑于江边的碉堡

岗托渡口新建的大桥

岗托渡口架桥，东西往来车辆都要在这里卸下货物乘船渡江。1957年，这里修建了可通汽车的铁索桥，以船渡江的历史才就此结束。1973年，这里又架起了雄伟的钢筋水泥大桥，把川藏两地紧密地联系在了一起。

如今，这个渡口有两座建筑，一座是使天堑变通途的大桥，另一座就是当时藏军试图阻击解放军进藏修建的大碉堡。这两座建筑屹立在此，都具有各自的象征意义和历史意义。

金沙江水浩浩荡荡地在深谷里奔腾、喧嚣，万古如斯地展示着它的恢宏气势和惊世骇俗的容姿。

滇藏古道重镇——中甸

“太阳最早照到的地方，是东方的建塘，人间最殊胜的地方，是奶汁河畔的建塘。”这首藏族民歌所唱的“建塘”，就是今天的中甸。

中甸位于横断山群峰拱举的高原草地上，平均海拔3400多米，扼云、川、藏三省区交通要冲，东南与丽江接壤，东北与四川甘孜毗邻。自昌都东去云南，一路都是绵延不断的高山峡谷，待翻过梅里雪山，渡过金沙江，再越过几座山岭，眼前会豁然亮出一片广袤的草原。四周隐约有舒缓的山梁，天

中甸草原（何乐　摄）

空低低的，草原上远远地显出一个城的轮廓，渐渐变大变得清晰起来——这就是中甸。20世纪30年代国民政府特使刘曼卿女士（藏名雍金）奉命赴藏，是从丽江骑马到中甸的，她在《康藏轺征续记》中生动地记述了初见中甸的印象：“自丽江西行，路皆巉岩峻坂，如登天梯，老桧交柯，终岁云雾封滃，行者不见马首，几疑此去必至一混蒙世界矣。三日后，忽见广坝无垠，风清月朗，连天芳草，

迪庆藏族村寨

“太阳最早照到的地方，是东方的建塘，人间最殊胜的地方，是奶汁河畔的建塘。”

满缀黄花，牛羊成群，帷幕四撑。再行则城市俨然，炊烟如缕，恍若武陵渔夫，误入桃源仙境。此何地欤？乃滇、藏交界之中甸县城也。居民尽为藏族，昔日为西康土司管辖，清雍正年间改为云南属县……”

因所处地理位置特殊，中甸成为茶马古道的咽喉，云南去西藏和西藏来云南的马帮都必须从这里经过。千百年来，曾有难以计数的云南、西藏及四川的马帮络绎不绝地从这个地方穿过。他们越过一座又一座高山，跨过一条又一条大河，从金沙江波涛上走来，从澜沧江的溜索上走来，从南边的热带雨林走来，从西边的雅鲁藏布江走来，从不同海拔和不同经度、纬度的地方走来，又从这里出发走向遥远的异地。他们把东方的茶叶、丝绸、红糖、盐巴和铁器源源不断地运往西藏、印度、尼泊尔，又把雪域高原的皮毛制品、名贵药材和南亚的手工制品、香烟、玉器运往云南及四川等地。据俄国汉学家顾彼得著述：抗日战争期间，中国与外部世界往来的通道有两条，一条自缅甸到云南西南部，一条从西藏到云南西北部；北部这条路必经中甸，据估计，这条路上曾有8000匹马和2万头牦牛往来驮运，为反法西斯战争做出了卓越的贡献。

无论马帮起始于何方，终止于何方，都无一例外地要在这个古镇上歇脚、用餐、住宿休息。因而这里也就成了万里古道上一个重要驿站，成了重要的商品交易集散地，继而发展为一个规模宏大的古镇。可以想象：昔日在这个草原古镇上行走的人群，定然是穿着不同的服饰，说着不同的语言，吃着不同的食物，心中信仰着不同的神灵。还可以想象：每到夏秋季节，积雪消融，四方马帮蜂拥而至，这里很快就会陷入野性的喧嚣和骚乱之中，那些习惯于在岩壳下树洞里风餐露

高山牧场

宿、敢于把生命和财产孤注一掷的人们，在这里大碗地喝酒，大碗地饮用酥油茶，大声地喧嚷歌唱，无遮拦地释放激情，使小镇日夜陷入不知疲惫的喧沸中；这种喧沸也隐伏着诡谲，时而就可能有盗马、劫掠、仇杀和私奔的故事悄然发生……

然而，传统在这里被执着地固守着，竟然没被铺天盖地的外来文化所动摇所荡涤，就像根深蒂固的海礁，在大潮退却之后又显出了它本来的面目。如今，在这个高原城郭里漫步，眼前依然是古香古色的情景：满街的房屋虽然也是钢筋水泥的组合，但屋檐、门窗和门洞上缀满了传统藏式建筑的图案和雕饰；男人们依然穿着长靴、戴着皮帽、蓄着长发，用红线编辫盘于头顶；女人们依然穿着长袖彩绸衫外罩无袖大襟长衫，裤子外面套有白丝绸裙子；店铺里有卖电子产品的，但更多的是牦牛肉、木碗、氆氇、藏药和藏式红铜器皿；街上的人流中，年轻的拿着手机，年老的

格桑花（何乐　摄）

则不紧不慢地转着手里的经筒……

步入中甸城外的草原，更是一番古朴纯净的田园景象：小河静静地在草地上蜿蜒流淌，牛羊在阳光下静静地徜徉，被篱笆环围的藏房星星点点地散落在山麓，远远地露出白色的墙和闪片覆盖的屋顶，村口路边，挺立着玛尼堆和佛塔，彩色的经幡在随风飘动……这一切，还是刘曼卿女士描写的那种景象：“出中甸城北门，为一广约十里之草原，四面环山，如居盘底。有小溪一道，曲折流于其中，分草原为若干份，牛羊三五垂首以刍其草。沿溪设水磨数所，终日粼粼，研青稞为糌粑之所也。草原之上，多野鹜，低飞盘旋，鸣声咿呀，与水磨之声相和答。在此寂静之广场中，遂亦如小儿女之喁喁私语，益显其悠闲况味。”虽然如今藏族人民研磨青稞已不再用水磨了，但这种桃源仙境般的景况却依然如故。

刘曼卿所写的小河，就是今天的奶汁河。它不大，没有恢宏的气势，却有生动的传说。远古时，天神为惩罚人们的贪婪，把这里变

成了一片沙漠。人们因此忏悔，弃恶从善，像对待母亲一样对待自然，爱惜这里的一草一木。天神为考验人们的善心，化作一个困苦的老婆婆，果然人们都为老婆婆献出了奶汁，奶汁从老婆婆的罐中溢出，流进寸草不生的沙漠，变成了一条清澈的小河，沙漠也变成了美丽的草原，所以人们称这条河为“奶汁河”。

这是个传说，也是个寓言，是中甸居民附会出的人类应该怎样与自然相处的答案。这个故事在中甸家喻户晓、妇孺皆知。他们把这个故事代代相传，就是要告诉后代，要用纯洁善良的心对待赖以生存的自然。这就是香格里拉精神的实质。

在中甸，人们处变不惊，多沉静、少浮躁，信念坚定地沿传统的轨道缓缓前进，让他们沉浸而迷恋的，是那片桃花源般的田园美景，是那份古香古色的空灵意境。

香格里拉县城

牧人的帐篷

中甸村寨

中甸高原牧场

藏区·茶叶·古道

遗存至今的茶马古道

茶叶的种植和饮用发端于秦汉以前的长江流域。唐朝陆羽的《茶经》中就曾这样说道："茶之为饮，发乎神农氏，闻于鲁周公。齐有晏婴，汉有扬雄、司马相如……皆饮焉。"汉以后，饮茶之习逐渐普及到民间，后经漫长时间的发展，茶的种植、加工、品饮就形成了一种文化。

藏族人虽不大提及"茶文化"，事实上却与茶的关系很密切，他们对茶的嗜爱到了极致，对茶的理解淋漓尽致。茶作为一种饮品，已成为他们生活的组成部分；作为一种符号，已深深地根植于他们精神的领地。云南迪庆康巴藏人的民谣里就这样唱茶："加察热！加霞热！加梭热！"翻译成汉语就是："茶是血！茶是肉！茶是生命！"不仅民谣诗歌中唱茶，戏剧中也演茶，故事中也说茶，神龛上也供茶，整个藏族的民族文化中都弥漫着茶的芳香。

在藏区，茶叶"等于米盐，不可一日无以"。藏族同胞"一日无茶则滞，三日无茶则

位于普洱市的茶马古道起始地

病”，因为“腥肉之食，非茶不消；青稞之热，非茶不解”。所以，藏族男女老少都爱茶、嗜茶，成年男子每天早中晚必须饮三次茶，有的老人嗜茶成性，睡觉前也要饮三两碗茶。他们把茶看得很重要、很神圣，以其养身、以其待客、以其为敬神的贡品、以其为财富的标志、以其为吉祥的圣物。藏族饮茶方式多样，尤其是康巴藏区，因与汉地接近，饮茶习俗深受汉人影响，除饮酥油茶、奶茶、牛头骨茶、糌粑茶外，也有些饮用方法与汉族相同，如开水泡茶，或将

金沙江是川藏古道和滇藏古道必经的一处天险（王寿林　摄）

茶捣碎冲泡，或将茶叶煮后滤去茶渣等。当然，藏区最普遍的还是以酥油与茶叶混合熬制的酥油茶，这是把食与饮统一起来的一种饮茶方法。做酥油茶选用的大茶是发酵后紧压成块的茶砖，有红茶、黑茶两种，从中医角度讲属温性，深受全藏区人民喜爱。藏族人民饮茶不仅礼仪有讲究，茶具也很讲究。煮茶器具有土陶罐、铜锅、铁锅之分，喝茶器具有木碗、银碗、瓷碗之分。土司头人和一些大户人家的茶具就更讲究，茶壶、茶桶、茶碗、茶盒上都有用金银、象牙、宝石镶嵌的吉祥图案。藏族人民的茶碗是各用各的，一家之中也互不换用。藏族人民无论贫富贵贱，远出时茶碗都随身携带。旧时西藏的大臣们上朝时，怀里也揣着一个只属于他自己的茶碗。

藏区饮茶的历史比汉族短，大约从唐代开始。之前，他们为平衡酥油、牛肉、糌粑等高蛋白、高热量的饮食结构，就用尔吉德加草、莴苣叶子、马板树叶和山海棠叶等野生植物根叶熬成汤喝。这些植物据说是莲花生大士为造福民众，尝遍百草后选定的，因而这种汤有"莲花宝茶"的美誉。自从茶叶从汉地传入藏区后，其助消化、去油腻、清热解毒、醒脑提神的功效被认可，很快成为食肉饮乳的藏族人民的生活必需品。但最初只有王公贵族才能得到茶叶，继而土司头人、富商也开始饮茶，后来就普及到了民间，形成全民族饮茶成风、嗜茶成性的局面。于是，茶叶就成了全民族饮食结构中最重要的组成部分。

然而，茶叶产自遥远的东方汉地，藏区不产茶，只能去购买，这就促使了以汉地茶叶和藏地土特产为主要内容的贸易活动的兴起。随着藏区茶叶需求量的增大，贸易规模迅速发展。但由于路途遥远，运输极为困难，商队驮着茶叶行数千里到达西藏后，包装茶叶的牛皮都会被驮架磨破，所以，运到藏区的茶叶就极为昂贵。资料显示，唐代晚期在西藏仅用几斤茶叶就可换一头牦牛，甚至换一匹马，一两黄金也不过买数斤茶叶而已。即使在康巴地区（今四川甘孜州及周边地区），虽紧挨着产茶地雅安，但康北色达、石渠、德格、江达等县到康南的康定也有千里之遥，所以运输到康北的茶叶一斤也可换取十来斤酥油或羊毛。这种高利润的生意激发了商人的积极性，也使一些专为商贾运输货物的赶马组织出现，

冲天河铁虹桥建于清光绪十三年（1887），滇藏马帮往来必经此桥（王寿林　摄）

贸易也愈加活跃。

到了宋代，北方战事不断，朝廷需要大量军马，便对可换取藏区马匹的茶叶严加控制，实行官营。元代时，朝廷是不缺军马的，但为了财税收入，还是规定民间不许私卖茶叶，并以法律形式对茶叶贸易加以控制，私卖者将遭到严惩。明朝时，北方再起战乱，朝廷又恢复了茶马交易旧制，在藏区周边地带设了四个茶马司机构（长官正六品），统管茶叶的生产、销售和马匹的购进，同时也进行皮毛、布匹、

川流不息的马帮，在青藏高原踩出了网般的一条条古道，把滇、川、藏三地紧密地联系了起来。

滇藏茶马古道示意图（局部）

云南南部盛产茶叶，新茶上市时各地都举行鉴赏会（陈阳　摄）

药材、手工制品的贸易活动。据记载，朝廷每年从藏区购进的马大约1万匹。清朝时，政府依然像控制盐铁一样控制茶叶，私卖茶者要打60棍，价款没收归公；携私茶出境者，发配充军。到了乾隆年间，以茶易马的政策终止，官方对茶的生产经营政策放松了，促进了藏汉两地的贸易，同时也造就了一大批茶叶贩运商和生产商。据估计，清末到民国时期，仅康巴地区年投入经营资本50万元以上的商家就不少于300家，一些大的商家年经销茶叶达数百万斤。雅安地区的一些茶厂也迅速壮大，年产数十万斤的茶厂就有数十家。藏区土司、头人和大的寺庙也普遍经商，他们拥有经济实力和政治势力，生意都做得很大。康巴地区参与经商的寺庙有几百家，有的寺庙选出四五十名精明的喇嘛专事商贸，投入资本数百万元，生意遍及国内多个大城市和多个国家。他们从藏地运往汉地的货物主要有皮毛、藏毯、贝母、虫草、鹿茸、金银、骡马等。贩进藏地的商品主要是茶，还有布匹、盐巴、手工业品等。

藏汉贸易最难的是运输。从滇川汉地到西藏，要穿越横断山脉、沙鲁里山脉、巴颜喀拉山脉，跨过雅砻江、大渡河、金沙江、澜沧江、怒江等众多大江大河，才能到达青藏高原。沿途雪山高耸、江河咆哮、森林莽莽，气候垂直分布，道路曲折陡峭。茶马古道漫长艰险，沿途经过的雀儿山垭口、梅里雪山垭口，海拔5000余米，冬季积雪厚达五六尺，不能通行。沿途过江十分艰难，著名的金沙江岗托渡口和奔子栏渡口也只有小木船和牛皮船，有时每天两岸待渡的马骡数千匹，货物数千驮，忙乱中时有翻船事故发生。在德钦县澜沧江渡口，因水急不能行船，往来只能靠横拉在江上的一根竹篾绳索，人、马都悬在绳索上从空中滑向对岸。不仅如此，古道沿途匪盗也十分猖獗，弱小商队在这样的古道上往来，是要冒很大风险的。1770年，朝廷赐给达赖的茶叶运送到康区白玉县南部山岩一带时，在有清军护送的情况下仍被当地山岩人抢劫。在西藏东部昌都一带的高山荒谷中，杀人越货事件也时有发生。在康区北部的色达县，民国时期因青海军阀马步芳的封锁，牧民们购买茶叶和盐巴十分困难，也只好有组织地抢劫过往商队。所以，在川藏茶马古道上专事运输的有规模、有武装的强悍的马帮队伍就应运而生了。

马帮由各家各户的骡马入伙，殷实人家十来头，家底浅的一两头。久而久之，入伙者就形成了有一定规模的群体组织。在马帮内部，五马为一把，五把为一小帮，若干小帮构成一大帮骡马，规模可达一二百匹。马帮是强悍的组织，有严格的纪律和固定的规则，有很强的野外适应能力和自我保护能力，通常都配有武器。马帮内有“大锅头”“二锅头”和管事，每小帮还有“小锅头”。“大锅头”为马帮首领，一般都有丰富的地理和民俗知识，沿途有良好的人际关系，信息灵通、交往广泛，具有较强的突发事件处理能力和组织指挥能力。马帮的主要使命是为大商家们运送货物，有时也独自进行贸易活动。马帮是一个特殊的群体，在漫漫古道上要经受种种难以想象的考验。冬有寒风冰雪，夏有暑热瘟疫，还要面对匪盗的袭扰和饥渴、疾病的折磨。如今，在康巴地区西部的荒谷中，在古道旁崖岩下的洞穴里还能见到森森的白骨，据说就是赶马途中亡命的马帮成员的遗骸。现在，我们已很难想象骡马和赶马人这些血肉之躯，在万里遥途上是凭着怎样一种坚强的精神征服那些悬崖峭壁和沼泽泥泞的，是凭着怎样一种耐力一步步丈量着那些高山大河的。

川流不息的马帮，在青藏高原踩出了网般的一条条古道，把滇、川、藏三地紧密地联系了起来。这些古道就是今天所说的茶马古道。唐代樊绰的《云南志》认为古道有两条主线：北线起自四川雅安，经过今甘孜州到达西藏的昌都、左贡、拉萨；南线起自西双版纳，经思茅、大理、丽江进入西藏昌都，再到拉萨。两条路在拉萨会合后，又分别通往西方和南方，到达尼泊尔、印度等地。事实上，经过甘孜州的北线又分为南北两条线：南线经雅安、康定、理塘、巴塘，过金沙江到西藏芒康、左贡和昌都；北

川藏茶马古道示意图（局部）

线从康定北上，经甘孜、德格，过金沙江到达西藏江达、昌都。由于路途遥远，沿途设有许多驿站，马帮到达驿站后不仅要歇脚、休整，还与当地人做生意，使驿站成了货物集散地和交易场所。今云南的丽江、中甸、德钦，四川的康定、理塘、巴塘、道孚、甘孜、德格，西藏的江达、左贡、类乌齐、昌都、洛隆，青海的玉树等，都有古代著名的驿站，后因汉藏贸易和马帮的往来有了喧闹、繁荣的景象，逐步发展为高原上的一个个城镇。

藏人嗜茶，使汉藏间以茶马为主要内容的贸易活动持续发展。茶马贸易又使马帮这一特殊群体出现，并在川滇与西藏之间拓出了一条条曲折而艰险的道路。这些道路是经济之路、文化之路、宗教之路，是藏汉往来的走廊，是沿途各部族之间交流、联系的纽带。

茶马古道是世界上最高、最险的古道，它漫长、沧桑、神秘。如今，古道上还有残桥断栈历历在目，石头上的马蹄印痕历历在目，路边宗教石刻历历在目，这一切似乎都在向后人讲述着“茶叶入藏”的故事。

用茶叶压制的茶马古道路线图

昔日升平镇，今德钦县县城（张北星　摄）

沧桑古镇

当你深秋时在这个古镇上行走，随时都可能有团浓雾从街巷里迎面涌来，裹住你，也笼住行人和沿街的房屋，使镇子陷入一片乳白色的混沌之中。浓雾敛去之后，街道捉迷藏般又亮出它的轮廓，但弥漫在酥油茶馆、藏药店和铜器铺里的白雾还迟迟不肯散去……这种现象被称为“天香熏室”。

这就是德钦县城中镶嵌于滇西北高原横断山脉谷地的升平镇，海拔3559米，属云南省海拔最高的县城。这里四面环山，每到冬季大雪封山，四面八方的通道都被一米多厚的积雪阻断，小镇就像个与世隔绝的孤岛。在这种险恶的环境里生存，每个人的灵魂和肉体都面临极限考验。

升平镇向北与西藏的芒康、四川的巴塘和理塘相通，东南与香格里拉市相邻，扼滇、川、藏三省区交通要冲，是贯穿云贵高原和青藏高原的茶马古道的必经之地。

这个古镇在藏语里叫“阿墩子”，意为极乐太平，因而汉语称之为升平镇，有歌舞升平之意。然而，这里却并不太平，时常都隐伏着惊险和危机。特别是每年夏秋两季，积雪融化，四方马帮涌来，古镇很快就陷入野性的喧嚣和骚乱之中。

如今，当你站在高坡上静静地俯视这个层叠于斜坡上的小镇，很容易联想到它昔日的沧桑和神秘，仿佛那浓雾的深处有马队的蹄声正由远及近地传来，仿佛夜幕中那古镇的角落里有长靴急促地在石板路上敲击，随即就有一个私奔的故事悄然发生……

然而，小镇的传统却坚固得令人吃惊。如今，当你来到这小镇上漫步，眼前依然是古香古色的藏式店铺；老妈妈依然在不紧不慢地打着酥油茶；街头路口依然挺立着玛尼堆，依然有彩色经幡在风中飘动，依然有来自远方

藏族、纳西族喜爱的铜器皿

升平镇藏族老人

的朝圣的队伍匆匆地从古镇上走过，走向飞来寺，走向卡瓦格博雪山……

传统的延续得益于宗教的帮持。在这里，藏传佛教把根须深深地植入这片土地，植入了人们的血脉中。人们在宗教的氛围里，信念坚定地沿传统的轨道缓缓前行着，他们固守着心中那个古香古色的世界，拒绝一切花花绿绿的景象的诱惑。

溜筒江访古

澜沧江流域属深谷断裂地带，古道沿澜沧江溯流而上，抬头仰望，高峰突入云际。俯视下方，险壑纵横，谷底与峰顶高度相差4700多米，江面到坡顶距离达14千米。江底布满黑褐色岩礁，被激流、冰块连续持久地撞击着，迸裂四射，发出雷鸣般轰响，令人惊心动魄。所以自古就有“隔河如隔天，渡江如渡险”之说。旧时，滇西文人也多有用诗句描写澜沧江峡谷的险峻：“鸟道羊肠挂碧峰，江声吼处助狂风。行近江沧路已穷，风情浇漓鲜开通。山连怒（怒江）俅（独龙江）悲鸟道，显限东西号蚕丛。几处烟村临岩穴，千条溜索渡虚空。”

因而，可以说德钦境内澜沧江边的古道是数千里茶马古道最艰险的一段。如今，汽车在这些盘绕于悬崖的公路上行驶，一边是刀削斧劈的陡壁，一边是深不可测的深渊。早年的马帮路，像悬挂于这些绝壁高崖上的曲曲弯弯的细线，坎坷而狭窄，许多中断处，仅架以两三根木头，上铺以泥土。不过这都不算险，只有溜筒江渡口——茶马古道的咽喉，才真正叫人心惊胆战。说是渡口，旧时却没有船也没有桥，在千百年的漫长岁月里，往来过江靠的是江面上两山间绷起的一根藤篾索绳。索上有木制溜筒，形若筒瓦，上有孔可拴绳，过江时人、马、货分揽拴在溜筒上借惯性滑向对岸。可以想象，心脏不好或有恐高症的人是无论如何也不能承受这种惊险的。相传清康熙年间，云贵总督蒋陈锡率军进藏，就是因为过溜索吓得魂不附体而生病，不久便死于行军途中。

千百年来，滇藏间的物资运输全都离不开这溜索。据推算，明清时期，每天往来马匹可达500匹，每匹马加货物按200千克计，就有100吨重，加之众多赶马人和马帮的保镖，每天至少有120吨的重量从索上溜过。马匹和货滑到对岸后，有人将其接住并松开绳索，把人和货从溜钩上放下来。过这种索是非常惊险的，时常有人或马在过索时因索断或绳松而葬身于大江。溜筒江村一位目睹过三次坠江事故的老人给我们讲，不论马或人坠入江中后，打一个小漩涡，溅起一簇水花，瞬间就没了影子。他说，中华人民共和国成立的前两年，一个商人的一大包银器在过江时绳断坠落入江，商人痛不欲生，双手抓住溜筒就滑了出去，到了江心上空，他双手一松，就坠入江中。

然而，马帮别无选择，必须面对这生与死的考验，必须在这里上演充满冒险精神和非凡胆识的活剧。当然，对于他们来说，过了溜筒江，就闯过了一道险关，被心惊胆战所束缚的激情就要宣泄出来，进村煮饭、饮酒、唱歌、跳舞，必有一番狂欢。

溜索最早是用野藤拧扭而成，后来改用更加结实的竹篾。先将竹篾拧成三根较细的绳，再合拧成一根胳膊粗的粗绳，重数百斤，并要抹上酥油以润滑。由于过往马帮增多，溜索使用率增高，一根索只能用7天，一年就要用去50多根。所以居住江边半坡上的10多户藏族同胞就以造溜索为生，他们分工合作才能完成砍竹、破篾、拧绳、架设等工序，并以此收取过往费用。1946年，丽江一商人发起集资建桥的倡议，运来14根铁链架了一座铁索桥，才宣告了溜索时代的结束。1973年，这里架起了钢筋混凝土大桥，又取代了铁索桥。如今，渡江溜索早已消失了，不过，它作为一种特殊的桥，在中国交通史上留下了自己奇特的名字。

东巴圣地 白水台

位于香格里拉市三坝乡境内的白地峡谷，自古就被视为一处神秘之地。

位于香格里拉市三坝乡境内的白地峡谷，自古就被视为一处神秘之地。明代徐霞客游历滇西时，就曾向往这个地方，只因交通困难而没能到达。尽管如此，他还是凭听闻将白地峡谷写进了他的《滇游日记》。1932年，美籍奥地利学者洛克在滇西考察时，曾翻雪山渡金沙，来到了向往已久的白地峡谷，并为这里的景色发出了感叹：看到前面伟大的深沟、白雪覆盖的山峰、巨大的岩石和可爱的森林的宏大风景，使人感到自己的渺小。的确，白地峡谷的风光很美丽，从远处望去，奇峰叠嶂，云雾浮动，松林苍翠，溪流弯弯，木楞房错落有致。不过，白地峡谷最驰名的自然景观，还要数位于西端雪山脚下的

白水台（陈学积　摄）

白水台。

白水台又称华泉白地，是一处白石景观，中心部位面积达1.3万平方米，由泉水中的碳酸氢钙不断沉淀堆积而成。层层乳白色石台平若镜、状若田，鳞次栉比。层层平台上有清澈的泉水，有蜿蜒的塘埂。从上到下自然分为五类景观：银珠翻花、晚镜映天、仙人遗田、玉女显灵、银水游龙。每处景观都有自己的特点，令人惊叹称奇。从远处眺望，如一颗光华四溢的明珠，从下向上仰望，像一座汉白玉砌成的巍峨仙宫。步入层层平台，恍若置身于珠光宝气中。400多年前，丽江第九任土知府木高“五马巡游”来到白地时，曾写下这样一首赞美白水台的诗：“五百年前一

出生于白水台的纳西学者杨正文翻译东巴经

行僧，曾居佛地守弘能。云波雪浪三千垅，玉埂银丘数万塍……”这首诗被刻在了白水台东北侧栎树丛间的崖岩上。而当地纳西人则以这样一个神话传说来赞颂白水台：远古时天神米利东和米利色为教化野蛮先民，作法点化出那座白水台，有田有地，有水有沟，指示后人照此开垦土地，才有了今天依山而成的层层梯田。

白水台的著名还不仅是因为其独特的自然地貌，更重要的在于这里是东巴象形文字和东巴教的发祥地，那神奇的白石景观上有深厚的精神沉淀。

相传公元前7世纪左右，纳西先哲丁巴什罗把白水台作为修行地，在那里开创了东巴象形文字，并编写经书、收徒传教，被后世尊为东巴闪郎——东巴中的最高智者。后又有被尊为第二代圣祖的阿明什罗，在白水台对面山上的一个岩洞里编写经书、收

老东巴

徒传教，使东巴教形成系统，成为完整的原始宗教，所以白地峡谷就成了东巴教的发源地。

据考证，公元前7世纪到公元前3世纪，由纳西先民岩画逐步演化而成的东巴象形文字已粗具规模，但这时期的象形文字数少（约100个），笔画简单，意义单一。又大约过了500年，经过历代东巴经师（祭师）的努力，东巴象形文字数量增加，笔画趋于规范，书写流畅，已具有书法特色，词义复杂多样，表达更为准确形象。从7世纪到11世纪，东巴象形文字已经成熟，用这种文字书写的经书也被全民族视为典范。东巴象形文字的最大功用是书写东巴教的经书，东巴经的世代流传又使东巴象形文字随之流传，传承这种文字和这些经书的就是东巴经师。因为白地的东巴

纳西学者杨正文讲述东巴教祖师的故事

文和东巴经被视为典范，白地峡谷就成了各地东巴的向往之地。他们认为“没到过白地，不算真正的东巴”，只有到白地来瞻仰阿明修行的灵洞，参加过白水台的祭祀仪式，并拜白地东巴为师后，将来才会威望大增。所以，千百年来，各地东巴祭师都曾翻山越岭，到白地来朝拜。

外地东巴到白地后，首先要去白水台朝拜圣祖丁巴什罗。他们清晨三五成群、穿戴一新，各自带上一只鸡、一块腊肉、一些煎饼及大米等食物，请一位当地东巴带他们到白水台，先在女神崖下行香，行跪拜礼，求白水女神保佑。之后，来到白水台源头，边烧香边由当地东巴念诵烧

白水台

香经，众东巴则环列香坛周围，双手合十向丁巴什罗神位顶礼膜拜。然后各持香一炷，逆时针方向绕香坛、泉塘三周。礼毕后，大家来到橡树林中烧火做饭，并请当地东巴坐上座向大家讲述东巴知识。饭后大家可随意游玩、观景、说笑，切磋技艺。

拜过白水台后，就要去拜阿明灵洞。去时也要请当地东巴在前面引领，还要带

因为白地的东巴文和东巴经被视为典范，白地峡谷就成了各地东巴的向往之地。

上法饰、法器。到达灵洞下先敬香行礼，再跳东巴舞。舞毕后围坐火塘边，听当地东巴诵经并解难释疑，之后进洞瞻仰。瞻仰过灵洞后大家坐下食肉、饮酒，开怀畅谈。白地、哈巴、东坝的东巴学到一定程度后，还要在此举行盛大的“降威灵”仪式，请求丁巴什罗圣祖降威灵于肉身。这种仪式由当地最权威的东巴主持，历时四天四夜，场面极为壮观。仪式过后，求取威灵的东巴便有了至高无上的法力。朝拜仪式过后还要举行拜师仪式。因为白地东巴知识渊博、多才多艺，自古名望很高。一般情况下，他们具有下列条件：一是能诵读较多经书；二是能写会画；三是会卜算、精历法；四是会跳东巴舞，会一些杂技；五是能行颂、祭、禳、消仪式，并当过主祭，还兼有雕刻捏制、吟唱、歌舞等方面特长，通常都被人们尊为导师、参谋、顾问、军师、礼宾、卜者。所以外地东巴把拜白地东巴为师看作幸事，他们来白地后，根据情况分头到白地各村请求大师收自己为徒弟。一旦被允，便三五成群地来到大师家，献上一些见面礼，并向大师行跪拜礼。之后与大师共同围坐在火塘边，听大师传授知识。拜师时间可长可短，一般都是白天帮大师家砍柴、种地、收割，夜晚在松明灯下学习经卷。学过一段时间后，大师还要向其传授东巴画、东巴舞及祭祀仪式方面的知识。无论时间长短，所学多寡，如果想告别大师，只需告诉一声，大师就会欣然准其“毕业”，并举行简单的结业和送别仪式。各地东巴只有经过白地拜师学习后，才算真正的东巴，回到村里后就会威望大增。

白地是东巴象形文字的诞生地，是东巴教的诞生地，也是培养东巴的摇篮，所以千百年来一直被尊为圣地。

历时300年的古碉（陈锦　摄）

古碉，丹巴的史诗

生活于青藏高原的藏族和羌族有悠久的石屋和高碉建筑历史，那里石屋依然时兴，高碉也多有遗存。这些古代遗存的高碉在各地都有分布，西藏南部地区、四川嘉绒藏族聚居地区和岷江流域羌族聚居地区为主要分布区，而嘉绒南部地区的丹巴县又是高碉分布最密集的地区，有“千碉之国”的美誉。有关文献记载，明代到清代中叶为丹巴高碉的鼎盛时期，丹巴境内有300多座。据《丹巴县志》记载，清康熙年间丹巴居民为4283户，平均10户就有1座高碉。后来，由于乾隆年间的金川战役等原因，高碉大量被毁，现存只有一小部分。据2002年

仿古高碉

丹巴古碉不仅数量多，而且规模大、外观美、建筑精、历时久，具有很高的历史、民俗文化和美学价值，被专家学者们誉为“建筑的奇迹”。

仿古高碉

统计，其中梭坡乡现存175座，中路乡现存81座，全丹巴县境内现存560余座。这个数字超过了金沙江、雅砻江流域20多个县现存高碉数量的总和，是一个令人震惊的数字。

丹巴古碉不仅数量多，而且规模大、外观美、建筑精、历时久，具有很高的历史、民俗文化和美学价值，被专家学者们誉为“建筑的奇迹”。这些石筑、古碉有三角、四角的，也有五角、六角的，甚至还有十三角的。据说，十三角高碉全藏区只有3座，丹巴境内有过两座，现存1座在蒲各顶，已残缺不全。十三角碉为碉中极品，

丹巴古碉

新修建的碉房

因为角越多就说明碉主人在当地的权力越大，地位越高，另外“13”在藏族人民心中是吉祥数。从科学角度来看，碉的角多了，迎风面积就会减小，从而起到分散风力、延长高碉寿命的作用。这些巍峨高耸的石砌古碉高的五六十米，矮的二三十米，散布于山岭沟壑，与鳞次栉比的嘉绒碉房共同构成了独特的风景。这些高碉形状、规模多样，作用也各异：界碉立于两地接壤处，以示界线警示；风水碉是为了镇邪降妖，保村寨平安吉祥；还有烽火碉和要隘碉，立于视野开阔处可供瞭望、放哨；更多的是战碉，建于村寨中，多个组合一起，便构成了抵御外来侵略的防御工事。按其大小和形状分，最大的碉称为“王碉”，切断面似皇后冠的称“皇后碉”，很小的叫“猫碉”，很细的叫“竿碉”，此外还有夫妻碉、子母碉、兄弟碉等。

林立的高碉耸立在山垭口、岩崖上、村寨中或树丛中，像历世无语的老人，也像一个个巨大的惊叹号。古碉由大小不等的片石加泥浆砌垒而成，墙面齐整，造型美观。不论多少个角的高碉，都是下大上小，修建时

古碉群

自下而上渐次收缩，足见其建筑技艺的精良。据说，这种建筑技术不是每个人都可掌握的，只有经过拜师学艺和多年的实践，才能成为独立主持设计并施工的工匠。

藏区石碉建筑历史悠久。考古证明，4600年前的新石器时期，青藏高原已经有了石室建筑，只是规模很小、单层，结构也很简单。到了汉代，石室建筑层数增加，已有了高碉的雏形。到了唐宋时期，高碉建筑开始盛行，但就其建筑目的和功用来说，主要还是民居，所以碉内各层各有用途，如养殖、储存、住宿、经堂、火塘等。正如宋代《太平寰宇记》的记述："故垒石为巢而居，……其巢高至十余丈，下至五六丈，状似浮屠。"这种以石垒屋的习俗来源于他们的生存环境和对石头的崇拜，后来，随着械斗、匪患频繁发生，碉楼越修越高，逐步演变成一种防御工事。每座高碉十多层，每层四面留有孔，可掷石或射箭，据守高碉，四面八方一目了然，有"一夫当关，万夫莫开"之奇效。多个高碉组合在一起，相顾相望，就构成了易守难攻的防御体系。《隋书》对高碉的防御功能有过这样的记述："有嘉良夷……近山谷，傍山险。俗好复仇，故垒石为巢而居，以避其患……。于下级开小门，从内上通，夜必关闭，以防贼盗。"

高碉不仅有防匪患、贼窃之用，旧时，面对强大的朝廷正规军的进攻，它也依然有坚不可摧之势。清乾隆年间，嘉绒藏族聚居地区部分土司反叛朝廷，朝廷决定攻

丹巴中路藏寨（多吉彭措　摄）

打大小金川及丹巴地区。第一次于乾隆十二年（1747）首次发动“金川之役”，用兵7.5万人，耗银2000万两，历时两年，结果当地土司凭借险要地形和这种高耸而坚固的石碉，使清军在山谷里不能前进且受到重创，总兵任举、参将买国良阵亡，将士损失惨重，川陕总督张广泗因贻误战机被乾隆愤斩，大学士讷亲亦被赐死。到乾隆三十六年（1771）朝廷再次用兵20余万，耗银7000万两，历时5年才攻下大小金川。这次虽取得了胜利，损失却极为惨重，阵亡士兵达2万多人，阵亡官员达732人，四川总督阿尔泰因失战机被赐死，定边将军温福在战乱中身亡。这期间，朝廷为研究对付高碉之策，曾利用嘉绒人在北京香山修造了60座高碉，成立了2000多人的云梯营，专门训练攻克高碉的技术，并在战争中使用了数以千计的威远炮、靖远炮和劈山炮，才逐个摧毁了高碉。如今见到的各地的高碉是因这些地方的土司没有卷入当时的战争，才得以幸存下来的。

嘉绒藏族聚居地区的高碉有寨碉和家碉两大类。寨碉即官碉，属公共建筑，部落首领、土司发布命令所建，建碉的人力、财力和物力由集体共同担负，这类碉多为风水碉、界碉、战碉、瞭望碉。另一类为家碉，是以户为单位修建的融防御和住宅功能为一体的高碉，其一切费用由碉主人承担，属私有财产。这种碉是财富的标志和家族兴旺的象征，也是家族精神的展示和智慧的比拼。一座家碉是否高大雄伟，是否壮观美丽，代表了高碉主人在人们心目中是否有地位和分量。所以旧时凡家中生了男孩，就开始建碉，多年坚持不懈，直到男孩长大娶亲时碉才封顶。如果家中建不起一座碉，就会被人看不起，儿子娶妻也就增加了许多难度。

近几十年来，高碉的防御功能已失去意义，就连附加给高碉的精神意义也在发生变化。高碉已被碉与房相结合的碉房完全取代。这种碉房有了房的特征：矮得多了，最多三四层；占地宽了，室内有了充分的活动空间。碉房多是石砌墙、平顶，内外墙面涂为白色，木结构部位如柱、枋、檐、斗、拱等涂以棕色或蓝色，装饰有雕刻。室内墙上绘有日月、山峰等图案，分别设经堂、宿舍、储存室、会客厅等。屋顶依然保留了碉顶的样式，四角有石泥混合筑成的微型塔。这种碉房很有特色，参差错落地组合在一起，实为嘉绒藏族聚居地区的一道风景。

如今，高碉已没人再建了，现存于山岭谷地和村寨房的高碉都是历史老人的杰作。这些高耸的古代石碉静默地守望着峰岭谷地，围护着一个个寨子，凝聚着嘉绒人的自豪与骄傲，展示着千碉古国昔日的辉煌，同时也把一个个谜团留给了后世。这些高碉建于何时，怎样建的？那巨大的石块是如何运送到高空的，石块为什么会砌得如此工整？石碉的造型起源于什么，为什么个个造型不一，是有什么暗示或寓意吗？这些，没有人能回答，丹巴人自己也说不清楚。

丹巴是个高山叠嶂、深谷纵横的地方，那里没有广阔的沃野，没有坦阔的草场，许多地方山岩嶙峋陡峭，给人死寂苍凉之感。无论从哪个地方到丹巴去，都要翻越入云的高山，穿越荒凉的峡谷。应该说，丹巴虽是旅游者的好去处，却算不上栖居生存的好环境。不过，从地理位置讲，丹巴却是个很怪的地方，被人称为“旋钮之地”，那里的五条河和五条山脉，像车轮辐条般地呈360度辐射布局，分布均匀、角度相等，形成旋涡状，县城所在地就是漩涡的中心。这种地貌被学者称为“漩涡状旋钮构造”。据说这种地貌是极其特殊的，世界上罕见。

栖居于丹巴的人群主要是嘉绒藏族。嘉绒藏族在古代属于哪个方国，是哪个部落或者哪些部落的融合，又为什么选择了如此山高谷深的栖居地，这些都是研究者难以说清的谜。因为古代的丹巴同大渡河和岷江流域的许多地方一样，是民族迁徙的走廊地带，也是多民族交错栖居、此消彼长的地方，不同时期的同一个地方，不仅有不同的称谓，还有不同部落出现。所以，丹巴地区的族源历史就十分复杂。

嘉绒藏族自称“嘉绒娃”，与康巴人、木雅人对称。嘉绒一词有何含义，研究者说法不一：有的说其意为“靠近汉地的农人”，有的说其意为“靠近东方河谷的汉人”，有的说嘉绒一词就是藏语所称的汉人，有的说是吐蕃时期“嘉尔木·查瓦绒”的简写，还有的说是被本教奉为群山之王的“嘉莫墨尔多”的简写。嘉绒藏族的族源历史也极其复杂，研究者也是各有说法：一说嘉绒藏族是古代时岷江、大渡河上游氐、羌两个部落解体后的融合，一说是西南“夷、氐、羌”等族的一支，一说是氐羌牦牛羌的后裔，一说是唐宋时西山八国的后裔，一说是隋唐时东女国的后裔。其中，东女国在《旧唐书》等史籍中有较详细的记载。

隋唐时青藏高原有两个以女性为中心的国家，西边的叫苏毗，东边的叫东女国。传说东女国的中心就在丹巴，其辖地范围为墨尔多神山周围纵横千里。东女国形成于松赞干布时期，衰亡于公元8世纪末，历时近300年。东女国的部族被称之为嘉莫查瓦绒——“嘉莫”指女王，“查瓦绒”指河谷，后人将其简称为嘉绒。据史料记载，东女国散布于山谷的聚邑有80余座，户有4万，军队万余，所居之处均筑碉楼，一般平民为6层，女王则有9层。国中由两个女王执政，内官全为女性，外官为男性，号令由女官传出，男官照章执行；各户重女轻男，女官有男侍，男官不得有女侍。女子可多夫，并在家主持家务、发号施令，男子只有低首称诺的份。东女国虽女权至上，持家治国的都为女性，但国民却有勇悍、豪爽之性，有勤劳、善战之风。

东女国存在不到300年就消失了，只有一些遗闻在历史的尘埃下还闪烁着神秘的光芒。关于他们的后裔，通常认为就是今天藏族的一支——嘉绒藏族。准确地说嘉绒藏族应是东女国后裔与吐蕃、羌等民族及往来迁徙族群的融合。元代初，蒙古军灭了西夏王朝，西夏皇族的一部分就经过甘南、阿坝，一路南下，来到大小金川流域，融入了嘉绒藏族和木雅藏族。到了清代，丹巴的民族结构已出现复杂局面，境内不仅有嘉绒藏族，还有鲁米章谷、尔龚、木雅、安多等多个藏族族群及羌、回、蒙古等民族。但人们仍习惯把嘉绒藏族视为丹巴的代表族群，把丹巴视为昔日的女性王国故地。

丹巴嘉绒藏族是一个特色鲜明的族群，他们在昔日女国的故土上创造了灿烂的文明，不仅形成了独特的语言、服饰、建筑习俗，也演绎出了太多太多的传奇和佳话。说到丹巴，人们不仅会想起那些分布于山山岭岭的古代石砌碉楼，还会想到美人谷。美人谷是墨尔多神山下的一条山谷，因为出生过很多靓丽如花的女子而著称于世。

生栖秘境
影像香巴拉
SHENGQI MIJING

怒江峡谷

第一村

怒江第一湾（张北星　摄）

如果你沿高黎贡山与碧罗雪山相对夹峙的怒江峡谷向北行进，当近千里行程中无穷尽的峭壁怪石和险崖激流塞满了视野的时候，山脉突然闪开，眼前豁出一片宽坦舒展的坝子，你定会于震惊中为之精神一振：丙中洛，终于到了！

“丙中洛”是藏语称谓，意为藏族居民的村寨。它是高黎贡山脉间的一块山地平坝，坦缓辽阔，前临怒江，四周远远地环围着云雾飘漫的高山。由于地处滇西高原谷地，海拔低、气候湿润，植被极为丰富。举目环顾，四野青翠、树木葱绿，一派鸟语花香的景象。在绿树掩映的村寨里，有砖瓦房、楼房透射着现代生活气息，也有传统的木楞房、竹篾房和石砌房点缀为趣。最引人注目的，是这里独有的石片房，其顶覆盖着当地特有的风化积岩石板。这种石板甚为工整，

丙中洛风光（张北星　摄）

可钻孔后钉在木档上，具有很好的蔽日挡雨的效果。说丙中洛是个土地肥沃、村寨棋布、民风淳朴、风光旖旎的世外桃源，是一点也不为过的。西藏喇嘛就称丙中洛为“甲格里拉”，意为佛教圣地的一块飞来之地。所以二十世纪三四十年代，曾有人固执地认为丙中洛就是香格里拉的中心。

丙中洛位于怒江上游贡山独龙族怒族自治县北部，东、西、北三面都纵横着荒远无尽的崇山峻岭，南边面对千里怒江峡谷。过去从山外任何一个地方到达这里，都只能选择夏秋积雪不再封山的时节，且要长途跋涉10到15天。这个隐藏

康南牧区风光

于“极边之地”的角落，神秘而与世隔绝。在这里，历史已被压缩，几十年、几百年仿佛只是昨天与今天之隔，古旧的往事也仅是恍惚的几个定格。江水咆哮着，永恒地重复着呆板的调子，炊烟升腾着，千百年不变地汇入无际的苍穹。

丙中洛是滇藏间交通的一个要地。旧时，常有往返于云南怒江地区和西藏察瓦地区的马帮从这里经过。1975 年，怒江峡谷修通公路后，察瓦地区所需物资，如棉布、白糖、铁器、食盐等就都是经怒江峡谷运往这里，然后再由马帮向西藏转运。西藏察瓦地区的皮毛、药材和山货，也只能由马帮驮到这里，然后装车经怒江峡谷运往云南内地。因而这个坝子就成为马帮云集的一个重要驿站，一批批你来我往的马帮，无论其来自何处，去向何处，都要在这里装货、卸货，在这里歇脚、用餐、住宿。可以说，马帮在给小镇带来经济繁荣的同时，也带来了别样的文化、习俗和精神意识。

不过，丙中洛最令人惊奇的还不是它独特的地理环境，而在于它是一个罕见的多民族相容共居的大家园。在这里，早在西汉时就有人居住，大约自明朝以后，各地先后有人迁徙而来。至今，在这片山间谷地上，竟然栖居着傈僳、怒、普米、藏、独龙、纳西、汉等7个民族。这么多民族聚居一起，相安无事，的确是一个奇迹。由于民族众多，各种民居、服饰、习俗、语言和歌舞共同存在，丙中洛成为一个五彩缤纷的民族风情大观园和一座民族文化的博物馆。

这里还是一片多种宗教共存的乐土，藏传佛教、基督教、天主教、东巴教和各民族自己的原始宗教和谐共存，促进了各种文化的融合和各种新观念的出现，构成了举世少见的宗教文化奇观。

最早在此扎根的是藏传佛教。距丙中洛不远的宁玛派普化寺就建于清乾隆年间，那里山水清秀、云雾弥漫、雅静怡然。寺里的喇嘛们平日散居家中，食“人间烟火”，逢重大活动便在寺里集中。丙中洛村寨的藏族人民不仅常去普化寺朝圣，还在家中建有佛堂，在村头路边建有玛尼堆。在丙中洛山间行走，时常可见到朝圣的信徒你往我来，虔诚者则一步一叩地磕着长头，用肉身丈量着通往理想的漫长道路。到了19世纪初期，西方的基督教和天主教相继传入丙中洛，许多怒族、傈僳族人开始信奉这些洋教，他们有教名，胸前时常挂着十字架或圣母玛利亚像。虽然他们仍使用古老历法，对月、日的概念并不明确，却牢记着周而复始的“礼拜”，每到这一天，他们就会来到教堂，双目微闭、神情肃穆地进行祷告，似乎在与上帝进行对话。尽管艰辛的生存环境需要他们把肉体和精神的作用都发挥到极限，他们仍然乐意把一生中许多精力消耗在永不完结的颂词之中。

在丙中洛，傈僳族、怒族、普米族和独龙族普遍信仰本民族的原始宗教。各种原始宗教的共同之处在于：都以大自然为崇拜对象，都认为天地间万事万物都有灵气并受鬼神支配，都认为人的一切活动要向神灵祈祷，都有神秘的祭祀祷告词调。如傈僳族的原始宗教就认为山川草木、日月星辰都由“米斯”

织布的怒族妇女（张北星　摄）

（山神）和“尼”（主宰自然的精灵）所支配，人在活动之前要举行祭祀，主持祭祀仪式的是“尼扒”（祭师）。独龙族的原始宗教观念中，没有鬼神的区分，他们认为山有山鬼、树有树鬼、崖有崖鬼、水有水鬼。而丙中洛的纳西人，有的信仰佛教，有的信仰东巴教。东巴教以先祖崇拜、鬼神崇拜、自然崇拜为内容，宗教仪式主要有祭祖、驱鬼邪、祭天地、超度亡灵等，主持宗教仪式的人称“东巴”。普米族信仰的汗归教以自然崇拜为主，主持宗教仪式的祭师称“汗归”。白族则多数人信奉的是本民族独有的本主神。

一个小小的坝子，竟然有如此多的民族和宗教同时存在，这曾使一些西方学者为之惊叹。20世纪30年代，许多外国探险家到滇西考察探险后，称这里是真正和谐、安宁的人间乐土。

拉玛人和勒墨人 拉玛人和勒墨人都是白族的支系。拉玛人（也称“民家”）聚居于兰坪县澜沧江两岸，形成历史约三四百年，他们在保持白族古老风俗的同时又有自己的文化。勒墨人居住在怒江两岸，自称“白尼”，他们的古歌《指路歌》里叙述了先祖从洱海边迁徙到怒江的历史。勒墨人过去的服装都为麻布做成，却十分华丽。男子左腰挂长刀，右肩挎花布包，头帽上有海贝、料珠、小圆镜作装饰；女子上衣背部有黑、红、绿色花布装饰，衣摆有花纹，裙子饰有红线和花纹布条，头圈前有玉片、海贝为饰，后拖五色彩带，胸前也饰有海贝。男女衣服形似喜鹊，被称为“喜鹊服”。

傈僳人的命名 傈僳男孩出生9天后命名，女孩出生7天后命名。取名时，以氏族标志的动植物或其谐音为姓，如虎（胡）、熊、蜂（丰）、鱼（余）、麻、荞等，姓后的名一般为两个字，多取避凶求吉、富贵平安的字词。傈僳人无父子连名，但兄弟姐妹间可以连名，如：阿普（老大）、阿邓（老二）、阿开（老三）等。

三年过一次年 过去，怒族人生活十分艰辛困苦，温饱不能解决，每三年过一次年，所以每临过年便十分隆重热闹。届时，他们在一个大簸箕里放满酒肉饭，由头人宣布过年后才开始吃大餐。年节持续12天，其间，人们要在祭师带领下举行祭天地、山神和祖先等多种仪式。老人要给孩子们讲民族历史，青年人要唱歌跳舞，大年初一第一碗饭要给狗吃，初七这一天妇女休息，家务由男人做。

独龙纹面女 独龙妇女自古就有在脸上刺花纹的习俗。各地刺的花纹不尽相同，脸上刺满的称“满纹”，仅刺脸下部或上部的称“半纹”。一种观点认为刺面是为了美化自己，也有的观点认为刺纹是为了防止外族土司头人抢掳才自毁其容，还有的观点认为刺面是氏族的标志，还有人说刺面是为了避邪。

茶山人的绕棺舞 茶山人举行葬礼时，有为尸体清洗、换寿衣、祭师诵经这些程序。更为奇特的是盖棺后当亲人们正在哭泣时，村中一长者就会领头唱起祭歌，大家边唱边围绕棺木跳舞，有的舞者要做出挖地、播种、收割等动作，以表明活着的人将继续辛勤劳动。这种舞叫“绕棺舞”。

独龙族纹面妇女

金沙江边的古堡

宝山石头城（王寿林　摄）

人类自诞生以来就与石头结下了不解之缘：以石为洞穴，以石为刀斧，以石铺路建屋，以石雕像刻碑……不过，把生存和命运与石头如此紧密地联系在一起，且至今对石头怀着深深眷恋的，就非丽江宝山乡宝山石头城里的纳西人莫属了。

村民家中的床、灶、台、礁、磨都与山连为一体（王寿林　摄）

他们的先祖在1300多年前迁徙至此后，就选择了这块突兀于金沙江边的巨石作为栖居地。他们在巨石之顶以石为基，以石为墙、为柱，并利用岩石凿出石床石铺、石桌石凳、石灶石缸、石碓石磨……种种石具全部在天然岩石上雕凿而成，与山体巨岩连为一体，随坡就势、宛若天成。这些石头家什伴随纳西人度过了一个又一个世纪，至今依然历世无言地存在着，给纳西人的生活增添了纯朴而沧桑的气息。这种以石为家的生存状态在世界上都是绝无仅有的，因此这巨石上的寨堡被称为“石头城”而名扬天下。

承载着古寨堡的这块巨石，是造物主的精心杰作。它位于玉龙县东部百余千米处与宁蒗县相邻的金沙江大峡谷中，背依青山、面对峻岭。《元史·地理志》对这里的地理环境有这样的记述：“宝山州，在雪山之东，丽江西来，环带三面，昔么些蛮居之。”巨石呈蘑菇状，顶部平坦，面积约有0.5平方千米，三面绝壁如削，一面斜插入奔腾不息的金沙江中。大约在7世纪时，永宁一带的么些蛮（纳西人）迁

村寨建在突兀高耸的巨石上，因而被称为“石头城”（王寿林　摄）

徙至此，在巨石上就势造寨，依石栖居，完成了从游牧向农耕生活方式的转变。这段历史在《元史》中也有记载：“其先自楼头（永宁）徙居于此，二十余世。”古籍中还对当时纳西人栖居于巨石上的情景有这样的描述：“依山负险，酋寨星列，不相统摄。”

元世祖忽必烈远征滇西时，就是从巨石前“革囊渡江”的，当时丽江土司麦良曾到此打开寨门迎接蒙古大军。从此以后，这巨石和巨石前的渡口就被视为一处要塞，元朝和明朝，州郡的治所曾先后设置于石顶的寨堡中。寨堡居于巨石之顶，有依山负险、易守难攻的优势，不仅州郡治所历时几朝而安然无恙，即使清中期治所迁走以后，寨堡内的民众也因地势的险要避免了一次又一次的匪患。民国年间，寨堡曾被百余土匪围困，因寨内民众居高临下、扼守路口，土匪历时七天七夜没能攻破。

石头城是一个活着的古城堡。

宝山纳西村寨（王寿林　摄）

至今，巨石之顶灰墙黑瓦的房屋鳞次栉比，曲折的小巷纵横交错。从山下沿一条石阶小路缓缓向上，穿过石门，走进巨石之顶的寨堡，就如同走进了古朴而宁静的诗情画意中。在这里，或可见到身着传统服饰的老妈妈正坐在石墙边摇着纺车，或可见到三五个老汉正坐在石凳上悠闲地看着电视，或可见到年轻的妇女围着石雕的灶台忙前忙后，或可见到顽童们在村巷的石阶路上欢笑嬉闹……

这是一个充满烟火味的古老村寨，是一个现代生活与原始文化气息融合一体的城堡。在这里，人们的生活与石头息息相关，接受了石头给予的坚定和沉静，对石头怀有深深的眷恋；在这里，人们默默地传承着昔日土著小王国的遗风，唱着古老的歌，跳着古老的舞，保留着祭天、祭祖、祭风的古老宗教习俗。

石头城是与一个神话传说相吻合的城堡。纳西族古老的东巴经神话中曾有一个叫“正真含鲁巴”的巨石，耸立于峡谷，上面栖居着108户神人仙人。那巨石曾经发怒跳了起来，滚落的石块给人类带来了灾难。而现实中的石头城恰好也居住着108户人家，20世纪末也曾发生大地震，巨石震动，并留下108条裂口。

石头城情缘

马帮出村上路

宝山石头城位于丽江城北110千米外的金沙江大峡谷中。那里有百余户人家，先祖是唐初从永宁迁徙而来的一支摩梭人，他们聚居在一块独立突兀的巨石之上，纳西语称其为“拉伯鲁盘坞”，意为白色的石寨。寨内民屋鳞次栉比、巷道纵横，居民劈石建屋，以石为墙、为路、为柱，室内灶、床、磨、碓等也都在天然巨石上凿成，随势布局、奇绝无穷。石头城三面绝壁，一面石坡直插金沙江中。

宝山石头城是个诱人的地方，交通却不便利。2006年，我乘便车到达宝山乡政府后，人困马乏，天色已不早了，没能拍得几张奇异石寨的图片便匆忙返回了。

后来得知，石头城不仅景象奇异，还有一段奇特的历史：1253年，忽必烈率10万大军征云南，中路军到达金沙江西侧的石头城对岸，忽必烈命将士杀牛羊，塞其肛门，“革囊以济”，渡江后大军就暂住在石头城。此后忽必烈受到丽江土酋的迎接，并挥师南下，击败了大理守军。这就是“元跨革囊”的由来，这是丽江历史上的重要事件。

想起景致如此奇绝且有历史沉淀的石头城，我就有了写点有关石头城文字的想法。写石头城如有照片相配，图文并茂不更好么！于是我就向宝山乡的王寿林先生求助。他很快拍了几张照片给我寄来了，我颇为感动。十几年后，我在打理另一本书稿时，又想加些石头城的图片，于是我又想起了王寿林先生。也许这就叫缘分吧，我找到15年前的王先生的电话号码，发了个信息，他竟然收到了。他应我要求，传来了10多张石头城的图片，都是他工作之余拍摄的，有全景、有局部、有特写，从山岭到村寨，从村巷到居民家中，题材多样，张张都精美。王先生的热情帮助，解决了我的一个难题。

石头城是令我难忘的，难忘那里的大江和峻岭，难忘那里的峡谷和村寨，更难忘那里的热心人。

品读奔子栏

转经的老人（何乐　摄）

奔子栏是滇西北白茫雪山脚下金沙江大峡谷中的一个古渡口，一个令人产生纷纷思绪的地方。

这里峡谷豁开，地势平坦，江水舒缓，江边有大片的沙坝，因而被称为“奔子栏”——藏语意为“金色沙坝”。这里气候湿热，与滇西北高原的萧瑟和严寒形成了鲜明的对比。特别是盛夏，峡谷小麦一片金黄，高大的柿子树、核桃树和江边的杨柳投下大片的浓荫，微风拂过，送来阵阵蒸人的热浪。山腰里成片的杜鹃花竞相绽放、五彩缤纷，茂盛的森林，叠绿垒翠。遥视山顶，雪峰横空出世、银装素裹，弥漫着白里泛蓝的雾气，让人望之顿生寒意。

奔子栏是茶马古道的要冲，千百年来，滇川藏往来的马帮都必须从这里经过。自唐以后，因为马帮交通的迅速发展，这个地方成为金沙江最重要的渡口，因而名扬千里。据《旧唐书》记载，公元703年，吐蕃王器弩悉弄南征大理南诏国，就是从这里渡过金沙江的。此前数百年间，吐蕃与南诏政权分分合合，双方的许多政治、军事活动，也都与这个渡口有一定的联系。独特的地理环境使其成为滇藏交会的一处军事要地，受到了历代统治者的重视。古时的奔子栏属维西傈僳族自治县（今属德钦县），但却由千总和把总直接管理，他们被朝廷授予世袭特权，管辖着周围上千平方千米的土地，而“总部”就设在奔子栏，兵力也主要驻防在奔子栏一带。

由于地处交通要道，多种经济文化交流活动深深地影响了这里藏族人民的生存状态。外地的文艺、技艺和民俗中的精华，也都在这里

驰名藏区的奔子栏木碗

藏族人民的茶壶

奔子栏渡口（王寿林　摄）

沉淀下来，与当地文化融合为独具特色的民俗文化，如驰名整个藏区的木碗和“果卓”歌舞就是奔子栏当地文化中的精华。

奔子栏自古就盛产木碗，至今，村寨里大多人家都依然传承着木碗旋制和木碗漆画手艺。他们制作的木碗工艺精湛、质地优良，远销于整个藏区和部分蒙古族聚居地。奔子栏的木碗选用杜鹃树根、鸭爪木或桦木的枝杈节瘤和根旋制而成，质地结实、花纹美观、纹理细腻，不烫手、不变味。最珍贵的木碗是选用一种叫作“咱”的木节制成，坚硬的木刺形成木纹图案中央的斑点，周围是疏密有致的水滴状图案，如同孔雀羽翎，被藏族人民视为珍宝。

藏族人民视饮食使用的木碗为灵物，人各一碗，兄弟、父母、夫妻没有同碗的习惯。他们外出时碗随身携带，人死后将碗供奉于遗体前，朝圣时也以碗作贡物，就连旧时的达官贵人也是身不离碗的。贵族官员朝见达赖或摄政王时，也是一边听训导一边用自己带来的木碗饮茶。四品以上官员接受一勺酥油红糖人参果米饭的赏赐时，也是双手捧木碗承接。平民百姓更是身不离碗，出门什么都可不带，但胸前衣内不能不揣着一只木碗。所以，在藏区不论达官贵人还是平民百姓都不能没有自己的木碗，他们以得到一只奔子栏所产的木碗为幸事。

奔子栏是从何时开始造出木碗并走俏藏区的，流传着种种说法。据藏文史籍记载，千年前吐蕃国王麴莽布支得到汉地的茶叶后说：“此种树叶乃上等饮料，饮用时不能用传统的器具，不能用以前有的玛瑙杯或金银等珍宝制作的瓢勺，要用一种以前没有的器具；听说汉皇帝有一种叫作‘碗’的器具，可派人前去索要。”于是就派使臣去汉地索碗，但汉地皇帝认为吐蕃不讲信用，不能赠给碗具，只答应派工匠到藏地帮助造碗。这本是史籍中记述的一段史实，但后来被民间附会出了另外的一个结尾，说汉地来的造碗工匠走遍许多地方，认为奔子栏造木碗的资源最丰富，就在奔子栏开设作坊，开始教藏族人民制作木碗，从此奔子栏就成了木碗发祥地。

奔子栏还是盛产歌舞的地方。藏族的“果卓”舞早在吐蕃松赞干布祖孙三法王时期就曾流行于滇藏接壤地区，但只有奔子栏村的果卓舞保留了较多的古旧传统程式而具有显著特色。这里的果卓（也称锅庄）男女老少、父子兄妹可同场共舞，服装也严格统一：女性头裹很大的红布，上身锦缎马甲、下身百褶长裙；男士白衬衣一律配有宽大长袖，跳舞时长袖舞动。这种果卓有大、中、小之分，祭祀时跳大果卓，节庆时跳中果卓，亲朋好友欢聚时随意跳的叫小果卓。藏历过年期间，全村欢聚一起，男女相向各成一排，先跳慢板，舞姿舒缓雄迈；后跳快板，舞姿激烈刚劲。舞时不唱、唱时不舞，气氛肃穆而祥和。

奔子栏村人都会跳果卓，因此

藏族村民的粮架

悬挂在门头的农具（多吉彭措　摄）

涌现出许多杰出舞者，其典型代表就是欧米加参。他1928年出生于四川巴塘，后流落到奔子栏，终年流浪演出。他因跳果卓很出色被中央民族学院文工团看中，后曾在莫斯科领舞演出了藏族舞蹈《草原上的热巴》。1964年，他参与了大型舞蹈史诗《东方红》的创作和演出，在开国大典中，《百万农奴站起来》的舞蹈就是他参加编创并领舞的。而这个舞的素材就取自奔子栏村民所跳的果卓舞。

可能正是因为地处交通要道，不断受到各种文化陶冶熏染，奔子栏的村民们有淳朴的民风、豁达的性情和热情洋溢的人生态度。这从他们世代沿袭的“幽默茶会”中可见一斑。每到藏历年期间，全村欢歌欢舞后，聚集一堂，桌上摆满水果、食品、酥油茶，人们在吃吃喝喝中开始了他们独特的团聚仪式：在这种场合，到场的每一个人都可以对在场的任何一个人的缺点进行讽刺挖苦，可以指名道姓、不讲情面，但语言不能尖刻，讽刺必须是善意的，必须要幽默，要能博得大家一笑，否则就会遭到众人的指责。被讽刺的人在笑声中感到内疚、狼狈，怎能不狠心改正自己的缺点呢！这种“幽默茶会”是奔子栏地区教化村民、培育淳朴民风的最好方式。

新都桥牧场

新都桥民居

走过新都桥

从康定向西，翻过4000多米的折多山，视野豁然开朗了，起伏的高原如帷幕徐徐开启一般展现出来，那样雄浑绵亘，那样壮阔静穆。山上没有了锐角和峭崖，形体曲线婉逶柔和，草地和山坡覆盖着绿茵茵的青草，山麓与缓坡接壤处有一片片黛绿色的林子。林子很美，一棵棵挺拔秀丽的树木连绵成一道风景线，树间的草地上，点缀着黄色、白色和淡紫色的野花。正是清晨，在这连绵山冈与广阔的草坡上行进，眼前风景如画，空气湿润清新，让人丝毫感觉不到高原的严酷和冷峻。

翻过山梁进入一条长长的谷地，沿河畔而行，风光变得越发夺目了，像行进在一条无始无终的画廊中。司机达娃泽仁说，这里为木雅藏区，属新都桥镇，镇子就在前面不远处。新都桥是个很著名的地方，几十年前有本《我们播种爱情》的长篇小说，就是以这里为背景创作的，这个地方因为这部书曾被许多人知晓。近些年，随着交通与旅游业的发展，新都桥更是因风光美丽而名声大震，被人称为“摄影家的天堂”。

新都桥风光

新都桥的确很美，美得超过了我原先的种种想象。在这里，无论从任何地方以任何角度望去，都是一幅布局得当、意境鲜明的图画。山冈绵延逶迤，大坝平坦广阔，河流从坝子中贯穿而过，蜿蜿蜒蜒、闪闪烁烁；亮绿的草坡、墨绿的森林、黄色的青稞与木雅藏寨共同构成了富有立体感的色彩组合。单就青稞地来说，因成熟期早晚各异，有的深黄，有的浅黄，有的鹅黄，在阳光的描绘下显得格外绚烂而富有灵气。一个个藏族村寨，集中体现了木雅藏区的建筑文化特征，与别处的藏房一样为石块垒墙、形体厚重，白色的窗框、红色的窗户、彩色的窗檐，外观华贵精美。据达娃泽仁说，这些藏房的内部装饰非常豪华，会叫人见了惊叹不已。据说室内壁、顶、梁、柱上布满了色彩缤纷的彩绘和雕刻，有装饰性图案，也有吉祥图案。这些藏房错落有致地组合为村寨，后依山冈，前傍河流，寨中还点缀着株株高大的树木。寨前的河流两岸或是山麓下的草坡上，随时可见到一群群黑色的牦牛和白色的羊在漫不经心地觅食，树荫下有三三两两的姑娘和孩

草原河流（陈学积　摄）

子，他们悠闲地照看着他们的牛羊。林荫夹道的公路上，随着一阵铃铛声响起，就有一个康巴大汉骑马而来，或前面抱着小孩，或背后倚着个女人……新都桥，处处都是木雅藏区的风情画。

新都桥镇子就坐落在这样诗情画意的坝子中。这是个正在发展的小镇，四处都在修房造屋。街上门店密集，里面摆着的多是内地常见的生活用品。公路从镇子中贯穿而过，汽车扬起的灰尘飘浮在空中，久久不能散去。因为正在改造公路，镇子上不时会发生堵车现象，各种车辆塞成一条长龙，在街中这条路上久久地不能动弹。那些本地拉货的司机似乎习惯了，便悠闲地闭目等待，那些驾着高档车游走康巴的闲人们则个个急躁不安……想象中的与木雅风光和谐共存的小镇早已不存在了，纯净恬然的、牧歌般的生活正在被市场经济、商业游戏所改变。

不过，出了尘土飞扬的镇子再继续前行，很快就又进入绝妙的自然殿堂中，高原又依次展开一幅幅精美的图画……

初识塔公

新都桥佛塔

从新都桥向北驶去，汽车在林荫道上驰行不到一小时，前面就出现了一个广阔的大坝，这就是著名的塔公草原。这是距康定最近的草原，也是康巴藏区东部最大的草原。若与塞北草原、内蒙古草原和贺兰山下的草原相比，这塔公草原算不上广袤，也算不上壮阔，但这里却是风光最美的草原，也是最富有人情味的草原。

塔公草原被绵延起伏的山峦环围着，像镶在高原上的一颗巨大的翡翠。正是清晨，远处山冈上晨岚飘移浮动着，给草原罩上了一层神秘的面纱。草原深处散布着星星点点的帐篷，一群群黑色的牦牛和白色的羊在草地上悠闲地觅食，有牧人骑着骏马、甩着响鞭在驱赶他们的牛羊。偶尔可见帐篷外有藏族妇女半蹲半跪地在挤奶子，旁边有黑色的藏狗在转悠着。一条小河曲曲弯弯地从草坝中流过，如同一条银白色的带子。在这里，没有草原上惯常的死寂和呆板，除了秀美的草地、成群的牛羊和牧人的帐篷，还有熠熠闪光的寺庙金顶、满坡满岭的经幡、高耸的塔林，共同构成了人、神、大自然和谐共存的美妙图画。

“塔公”是个美好的地名，在藏语里有“菩萨也不愿离开”的意思。这个地名源于一个古老的传说故事。传说唐代文成公主远嫁西藏途经此地时，陪嫁物里的佛像突然变得像山一样沉重，致使送亲的队伍不得前进。文臣武将及家族亲眷们慌忙下马就地焚香叩拜。这时，佛像突然发话了，说此处为祥瑞之地，它愿意留在这个地方。因为佛像是重要陪嫁物，文成公主只好命人另塑一尊佛像留在此地，并派人在此修建了塔公寺。陪嫁的佛像带到西藏后供在了大昭寺，因此这塔公寺就有了“小昭寺”之称，同时也就有了“佛祖身在大昭寺、心在塔公寺”的说法。据史载，文成公主当年经过青海进藏时，与这里还有千里之遥，但在塔公乃至康巴其他地方，都有文成公主路过的传说。这虽都是些穿凿附会之辞，却可以看出藏族人民对文成公主的崇敬和对藏汉友谊的珍视。

塔公寺位于雅拉神山下，拔地而起，非常壮观。寺顶有为纪念班禅大师而建造的纯金塔，造型美丽、色彩丰富，仰头望去，在青山背景的衬托下十分夺目。寺内唐卡、壁画、彩绘、雕塑随处可见，寺旁有一处造型各异的浮屠塔林，

牧人帐篷

塔公村寨

高低错落、成排成阵。寺后的高山斜面上，插满了成千上万的经幡，形成了一块块幡阵，覆盖了大半个山头，景象极为壮观。

塔公草原景色优美，宗教文化深厚，是藏族人民向往的地方。人们不仅时常来草原朝圣，每年7月中旬到8月初还要在这里举行盛大而隆重的“耍坝子”活动。届时，寺庙就成了万众拥簇的中心，广阔的草原就变成了欢腾的海洋：帐篷星罗棋布，坝上歌舞如潮、藏戏连台，骑手踊跃竞技，男女老少身着节日盛服云集一堂，以各种形式宣泄着他们的激情。

“塔公”是个美好的地名，在藏语里有“菩萨也不愿离开”的意思。

塔公草原是静穆的、民风淳朴的。然而，这静穆和淳朴的氛围正在被打破。寺庙前有了林立的藏式高楼，寺前广场上车水马龙，那些从都市的儿童积木般的钢筋水泥建筑物里走出来的人们，怀着好奇的心理在寺庙里穿梭，企图寻求新奇和刺激。而那些土生土长的藏族人民，正在接受远道而来的新奇信息和物象，几个孩子在寺前广场上游荡着、窥视着，在你不经意间就会拉住你的衣襟，请求说："叔叔给照张相吧！"当你应诺、发出拍照的"咔嚓"声之后，他们会严肃地告诉你："一元钱一照……"

塔公寺大殿金顶

秋日塔公草原

古道风光

「川藏古道」

大约在8000万年以前，由于印度洋板块与亚欧板块的碰撞，喜马拉雅群山从蔚蓝色的海洋里缓缓隆升，形成了今天的青藏高原。考古证明，5000年前，这片高原上就有人类繁衍生息。2000多年前，栖居于青藏高原的先民与东方汉地有了往来联系，他们跋山涉水，在山巅、沟谷、荒原和林莽间踩出了曲折绵长的小路，这些小路最终形成了汉藏之间经济文化交流的一条条古道。

汉藏间的古道有多条，其中最著名、使用率最高的就是川藏茶马古道。这条古道东起四川盆地西端，西达西藏腹地，逶迤绵延近2500千米，沿途雪山高耸、江河急湍、森林莽莽，气候复杂多变，道路曲折险峻。清代有史料这样记述雅安至拉萨的古道："全长四千余华里，所过驿站五十有六，渡绳桥十五，渡铁桥十，越山七十一处，越海拔九千尺以上高山十一，越海拔五千尺以上高山二十又七，全程非三个月不能到达……"

川藏古道早在唐宋时期就是藏汉贸易的大通道。那时候，在这条古道上往来跋涉的主要是商贾马帮，他们交易的内容主要是产自汉地的茶叶和产自藏区的马匹，所以，后人称这条古道为茶马古道。

川藏古道像一架天梯引领人们步步攀升，走向青藏高原的腹地。它是世界上最险、最高的古道，有横亘高原的漫长，有贯穿高山深谷的险峻，有历世无语的沧桑。古时候，人们称它为"天路"，因为它是离天最近的路，是自然状态下形成的路，是朝圣的路，是通往天国的路。川藏古道还是一条壮观美丽的路，沿途绚烂景色层叠不尽，犹如造物主造就的一条画廊。古道沿途是广阔的草原、静谧的湖泊、耸立的雪峰、莽莽的森林、奇异的村寨……时而穿行于峡谷，江河奔腾

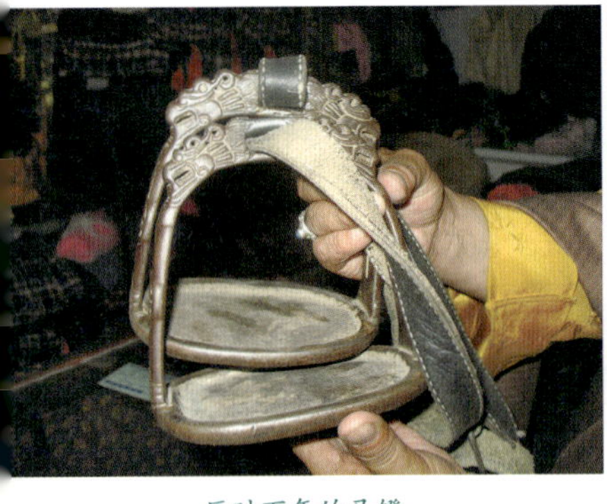

历时百年的马镫

海拔4200米的高尔寺山垭口

长江第一湾，过川藏古道必须逾越的天险（张北星　摄）

咆哮，群山并列环峙，森林葱绿蓊郁，一处比一处神奇，一处比一处诡谲。时而行进于险峰，数百里视野尽在眼中——天空澄澈、白云悠悠，群山波浪般逶迤而去，一个个湖泊镶嵌于山峦间，碧绿如翡翠。时而穿行于草地、鲜花、溪流、牛羊和牧人的帐篷之间，画卷一幅幅展开，令人心旷神怡。时而可见雪峰、冰川突兀于天宇，银光闪闪，如琼瑶仙宫；时而则见高山草甸，树木稀疏，天幕低恶，雪风猎猎；时而进入燥热的河谷，亚热带植物令人满目葱绿……

川藏古道沿途是藏族及羌族等各部族先祖栖居的乐土，也是各部落往来迁徙的必经之地。至今，栖居着以藏族为主的多个民族。高原强烈的紫外线给了他们古铜般的肤色，酥油糌粑给了他们强壮的体魄，雪山草地给了他们粗犷坦率的性格。他们在漫长的狩猎、采集、农耕和畜牧生活中，创造了五彩缤纷的文化，令人赞叹不已。仅民族而言，古道沿途就有木雅人、康巴人、嘉绒人、扎巴人、安多人、琼贵人等多个族群。同是民居，各族群的造型和布局互不相同；同是服饰，各族群的式样和装饰各有特点；同是藏语，一个族群有别于另一个族群；同是艺术，各地的藏戏、弦子和锅庄风格迥异；同是康巴藏人，康定人身上有可感可触的汉地商贾气息，巴塘芒康人则保留着更多粗犷和勇烈的性格……

川藏古道是一条宗教之路、信仰之路、朝圣之路。沿古道行进，可见到多座寺庙。这些寺庙建筑风格多样、历史悠久、文化深厚。古道沿途的另一种宗教景观是随处可见的五色经幡经旗、大大小小的玛尼石堆和各式各样的宗教石刻。经幡印有马、虎、豹、狮等动物形象和佛教经文，有的插在山坡上，有的以绳穿连挂在屋上、山崖上、树丛中。信众认为经幡在风中抖动一下，就相当于念诵了一遍经文。石刻的内容多为“六字真言”，也有

318国道所经之地就是昔日川藏古道途经之处

神佛像或灵异动物形象，有的刻在巨崖上，远远就能看见；有的刻在石头上，将石头垒砌成堆，再布以经幡。目睹这些经幡和宗教石刻，似乎能听见喃喃的诵经声，顿时感到高原不再是荒寂的。

川藏古道的使命，结束于20世纪中期。那时候，这条古道经过三次断续修建，变成了现代的公路，即今之318国道，但人们仍称其为“天路”。如今，走出水泥混凝土的“丛林”，走上这条天路，依然能感受到古道的沧桑神韵，依然令我们思索起关于天和地、过去和未来的种种话题……

祥瑞宝地/理塘

在那东边山顶/升起皎洁的月亮/未嫁少女的面容/渐渐浮现我的心上……/天际洁白的仙鹤啊/请借双翅给我吧/不到远处去飞/只到理塘就回……

这是藏区流行的一首情歌中的句子。作为情歌，这并无什么特别，特别的是这首歌为诗人活佛、六世达赖仓央嘉措为思念一位康巴女子所作，这就不得不令人浮想联翩、唏嘘惊叹了。据说，仓央嘉措曾与这位女子热恋，常在夜晚乔装后溜出布达拉宫与其幽会。只因其身份特别，无缘与这位女子共渡爱河，于是他常在月夜向东方眺望，并写下了这首诗。他认识的这位女子是康巴地区理塘县人，所以诗中说“只到理塘就回”。

似乎是上苍的有意安排，六世达赖仓央嘉措圆寂后，七世达赖格桑嘉措恰巧就转世在那位姑娘的家乡——理塘草原。

更令人感到惊奇的是，后来的十世达赖，第七、八、九、十一世帕巴拉呼图克图，第五世嘉木样呼图克图，蒙古国师三世哲布尊丹巴，第一、二、三世香根活佛都出生在理塘这个地方。理塘由此而闻名天下，被认为是一个神秘而美妙的地方，藏族人民称其为“雪域圣地”“祥瑞宝地”。

理塘为什么会诞生这么多高僧大德，这是一个难以解释的谜。不过，当人们走进理塘，感受到雪山、草地、湖泊和阳光的赏赐，沉浸在那种豪壮而绚烂的意境中时，往往就会产生这样的感悟：理塘太美了，美得有了灵气和仙气，不仅世俗会被诱惑，神灵也会被诱惑。

理塘的确很美。在那1.4万多平方千米、平均海拔4133米的高原上，有山峰、草地、森林、湖泊、藏房、寺庙……一切都显得奇妙而高洁，一切都展示出绚烂而静穆的容姿。那里堪称“康南第二峰”的格聂神山，为藏传佛教所说24座神山中第13座“女神”，属横断山系，山势高峻挺拔，一派仙姿神态。主峰海拔6204米，阳光下银光闪闪、直插云霄，数百里外就可看见。山腰覆盖着以云杉、冷杉和高山栎为主的原始森林，其间瀑布飞泉倾泻轰鸣，野生动物频频出没。山麓草场茵茵，湖泊镶嵌其间。格聂神山区域面积达500多平方千米，处处山川形胜、生态完整、风景优美，是造物主创造的一座巨大的自然殿堂。

理塘锅庄舞（多吉彭措　摄）

理塘著称于世的还有毛垭草原。这片海拔4000多米的高原坦地广袤而美丽。夏秋时节，绿草旺盛、百花盛开，如仙女织成的绸缎，流光溢彩、绚烂夺目。穿行草地，空气中弥漫着浓厚的花香和草香，令人吸之若醉。草原上镶嵌着众多大大小小的湖泊，徜徉着黑色的牦牛群和白色的羊群，点缀着星星点点的藏房和帐篷，如一幅色彩浓烈的油画。晴天薄云时，太阳从云缝间投下的巨大光柱缓缓地移动着，给草原平添几分灵动之气，展示出天工造物的神奇：草原一会儿是深绿，绿中带黑；一会儿是亮绿，绿中泛黄。理塘在藏语里称“勒通”，“勒”为铜镜，“通”为草坝，意为平坦如镜的草坝，指的就是毛垭草原。

毛垭草原是藏族人民世世代代与天、地、神同舞共乐的地方。历史上每年藏历六月草绿花开的时候，草原上都要举行盛大的佛事活动和烟祭神山活动，四乡男牧民都扛着拴有经幡和缎制祭烟小袋的火枪，从四面八方汇聚于毛垭草原，参加烟祭供奉活动和赛马、射箭、跳舞、演藏戏等文体活动。1964年后，这一传统活动改称为“八一国际赛马节”，原有的各种传统节日活动被保留了下来，还增添了许多新的内容。赛马节时，既表演体育竞技，又有歌舞和藏戏表演，还有康巴服饰大展示。同时举行盛大商贸活动，广阔的草原成了巨大的超市，汇聚着东南西北的奇珍异宝、

理塘大坎帐篷城

藏戏演出（多吉彭措　摄）

民族用品和土特产品。届时，万人云集、人流如潮，骏马奔驰、歌舞喧腾。宏大的场面、独特的风情，令人惊心动魄又情舒意畅。草原数千顶帐篷个个装饰有吉祥图案，如盛开的朵朵莲花。夜幕降临，星罗棋布的帐篷里燃了汽灯和酥油灯，远远望去，如夜幕中点点繁星。

理塘县城就坐落在毛垭草原一角。这个高原古镇有“世界高城”的美誉，城中县政府门口竖立的高碑上，赫然标有县城的海拔高度：4014.187米，这里比拉萨还要高300多米。不过，这个高度并没有阻止喧腾和繁华的到来。因为这里地处藏、川、滇交会地带，自古就是康南的交通、经济、文化中心，是藏汉交流的要冲，也是川藏茶马古道南线最重要的驿站之一。这里商贸历史悠久，早在唐代和宋代就是茶马互市的场所。元明清时期，理塘是朝廷通往西藏的要站，贸易十分活跃，拉萨、昌都、青海及内地的商人都到这里经营。明清时，著名的陕西商就有9家，民国时，陕西商和四川商有20多家。他们以茶叶、食盐、布匹和杂货换取当地土特产品、药材、皮毛等，运往内地大城市及尼泊尔、印度等地后，往往可获得5到10倍的利润。不过最大的商家还是当地的寺庙商、土司商和头人商。寺庙商势力最大，业务往往遍及国内多个城市和多个国家。土司商中也不乏大手笔商人，如土司毛亚索加，当时投入经营的资产就有一百多万大洋。

理塘的诱人之处还在于它是一个宗教文化积淀丰厚的地方。境内被视为灵山圣水的地方很多，除格聂神山外，还有扎嘎神山也同样令藏族人民崇敬。扎嘎神山山腰处几块巨岩上自然天成地显现出了佛教六字真言“唵嘛呢叭咪吽”，这

宗教盛会

一神秘奇观谁也不能解释，由此便演绎出许多带有宗教色彩的神话和传说。在理塘境内，还有众多的佛寺，其中最著名的就是格鲁派的理塘寺（也称长青春科尔寺）。该寺由第三世达赖喇嘛索南嘉措于1580年创建，以其富丽的建筑、琳琅的法器、众多的佛像和浩瀚的文献成为藏族宗教、文化和艺术的宝库，在藏区享有盛名。所以，人们常说“上有拉萨三大寺，下有安多塔尔寺，中有理塘长青春科尔寺”。理塘寺就在县城一侧，依山而建，高低错落，规模宏大，可容纳僧侣4000多人。寺内从大门到内壁，从主柱到横梁，都有风格独特的佛教故事绘画。大殿内禅房中设有一、二世香根灵塔，高3米有余，紫铜镀金，錾有花纹图案，嵌有祖母绿、金刚石、玛瑙、珍珠、松耳石、翡翠等各种宝物。

理塘，堪称造物主创造的自然殿堂，人杰地灵的“圣地”。

国家森林公园——巴塘措普沟

巴塘，金沙江畔的明珠

外有苏杭，
内有巴塘。
到了巴塘，
忘了爹娘。

这是一首民谣，短短四句，道出了巴塘县的美丽富饶和迷人魅力。

巴塘位于康巴腹地的金沙江东岸，西与西藏的芒康县和云南的德钦县隔江相望。这里雪山耸立、深谷葱绿、草原坦阔、湖泊密布，山、崖、泉、林巧妙组合，风光绚烂迷人，被称为“大香格里拉的一颗明珠”。在古代，对于西藏或是东方的中原王朝来说，这里都是遥远的边地。然而，这里气候宜人、物产丰富，农作物一年两熟，自古就是各族民众的向往之地，加之地处川藏交通要冲，一直被政治家、军事家们视为战略要地。唐宋时期，这里属吐蕃、萨迦等王朝

巴塘田园秋色（多吉彭措　摄）

管辖。元朝以后，朝廷在藏区实行土司制，但这个地方仍属西藏政教政权直接管辖，直到明崇祯十二年（1639）这里才实行土司制度，辖地包括今得荣、德钦、中甸、芒康等地。康熙五十八年（1719），朝廷将此地管辖权收回，直到雍正四年（1726）才将其划归四川省，清代川边大臣赵尔丰还曾上奏朝廷在巴塘设省会、建立川边省。

巴塘县城坐落在四山环围的灯杆坝中，这里是一处峡谷盆地，其间河流弯弯、土地平阔、作物茂盛。灯杆坝是川藏古道的必经之地，自唐代以后，川藏往来的僧侣、官员、商贾都从这里经过，藏地的皮毛、药材、土特产要经过这里运往东部的汉地，汉地的茶叶、布匹、手工业品等也要经过这里运往藏区。到了清代，朝廷为实现“固川援藏”战略，尤为重视川藏古道，多次对其进行整修扩建，并派官员管理金沙江渡口，使古道成

巴塘措尼巴湖

了重要的官道和商道。雍正六年（1728），在巴塘设粮台，次年又设宣抚司。自此，巴塘成了川藏古道上最大且最重要的驿站之一，也是邻近的云南中甸、西藏芒康、四川得荣等多县交通往来的枢纽。交通的发展给巴塘县城这个山谷盆地中的小镇带来了繁荣和喧腾。不仅每天有数千往返于川藏的马帮队伍从这里经过，巴塘作为货物集散地，行商和坐商也迅速发展，四川和陕西等地汉人来此经营药材、茶叶、盐巴、布匹、金银生意，商铺达200多家。至今，在巴塘城里见到的汉人中，不少就是祖辈来此经商而安居下来的。

18世纪到19世纪，是西方对外扩张的时代，他们在发财梦中梦到了青藏高原。罗马天主教耶稣会和卡普清修会先后派出30多批130多人进入藏区，进行所谓的“考察、探险、登山、寻秘”活动，巴塘从此进入他们的视线。1863年，康定的法国天主教会首次派人化装为商人进入巴塘，神父巴布埃在巴塘建起了教堂。1894年后，基督教势力迅速渗进巴塘，美国传教士贝克在此建立了教堂。1904年后，美国牧师浩格登经边务大臣赵尔丰批准，在巴塘租民房办起教堂和基督小学。此后，意大利、瑞士、西班牙、土耳其等国传教士蜂拥而至，他们不仅传教，还搜集情报、推广他们的价值观念，从而引发了驱赶洋教的“教案”，引起了朝廷的重视。洋教为了在藏传佛教根深蒂固的地方扎下自己的根须，进行西方文化的渗透，不仅创办学校、开办西式医院，还传播工业技术，引进农作物新品种，促进了巴塘经济文化的发展。就这样，洋教在与本土宗教文化的激烈碰撞中付出血的代价后，最终沉淀下来并产生了深刻的影响。

汉族人和西方神父和牧师们的到来，使巴塘成了一片多民族、多宗教相容共居的乐土，致使多种文化在这里相互渗透、相互影响，形成了异彩纷呈的文化格局。如今的巴塘，既有林立的汉式楼房，又有康巴藏族的碉房；相邻两家，一边念的是“唵嘛呢叭咪吽”，一边念的是“阿门”；一家之中，既过藏历年，又过汉族的春节，既喝藏族的酥油茶，又吃重庆的火锅；同族同宗，有的在他们的藏族名字前加上了汉族的姓，有的又在他们的汉族姓氏后加上了“保罗”“约翰”之类的洋名。

当然，绚烂的巴塘文化中最具特色的是被称为艺术奇葩的“巴塘弦子”。这种歌舞发端于战国时期，是当时人们祭祀时唱跳的歌舞，叫“歌卓”。到公元7世纪，白狼人与吐蕃融合而形成藏族群体后，寺庙舞渐渐在巴塘等地兴起，“歌卓”的宗教意义随之丧失，逐步演变成群众节庆之日、劳动之余自娱自乐的集体舞——嘎谐。这种歌舞盛行于宋代到清初，其特点是：舞时绕圈、队形多变、弯腰垂首、边舞边唱。到了清朝中期，随着经济文化的繁荣，巴塘的嘎谐吸收了汉地歌舞的特点，开始加入二

巴塘藏戏演出

胡伴奏，成为一门集唱、弹、舞为一体的综合艺术——弦子。因为巴塘的弦子最地道，2000年，巴塘被命名为“中国民间艺术（弦子）之乡”。巴塘弦子早在1954年就曾在国外演出并多次在全国巡演。由巴塘弦子的部分词曲改编而成的歌曲曾在全国流行。

巴塘这块宝地在历史上并不平静，它位置独特和美丽富饶的特点，曾招致了激烈的争斗和频繁的变故。其中，最为严重的是发生在光绪三十一年（1905）的“凤全事件”。当时，由于英军侵入西藏，朝廷任凤全为驻藏大臣办理有关事务。凤全赴藏时却受到西藏上层的抵制。凤全力主收回由西藏管辖的新龙县（巴塘以北的相邻县），限制喇嘛寺僧数量，强令超额寺僧还俗，并发展矿业、垦殖土地。这些措施引起西藏驻新龙县官员的不满，他们以凤全驻巴塘时间太长为由，煽动巴塘僧侣捣毁农场、焚烧教堂，进攻外国传教士和清兵，包围钦差行辕，逼迫凤全返四川。凤全及随行人员数十返川经过巴塘县一个叫“鹦哥嘴”的地方时，遭到武装袭击，数十人被僧侣所杀。同时，西藏各地也发生了反洋教事件。朝廷对此十分重视，遂令四川提督马维骐、建昌道赵尔丰率兵前往巴塘清剿作乱僧俗。赵尔丰在巴塘平乱后，又抓捕了理塘土司四郎占兑，杀了他属下的头人。后来，四郎占兑越狱逃往稻坝（今稻城），潜入桑坡寺作乱，赵尔丰在招抚未果的情况下，派兵攻克了桑坡寺和稻坝。光绪三十二年（1906），赵尔丰被委任为川滇边务大臣后，他大胆改革，改巴塘为巴安府，改理塘为理化州，改乡城为定边县，改稻坝为稻城县，将打箭炉设为康定府，设盐茶道一员统领经济贸易，并顺应“改土归流”，推行汉文化，设路务局修建公路，请外国专家设计修建了河口

（今雅江县）大桥，创办了制革厂、造纸厂。这些措施促进了经济和文化的发展，使巴塘成为一个开放、繁荣、文化丰富的宝地。

巴塘不仅是经济繁荣、文化丰富的巴塘，也是“红色”的巴塘。在20世纪初期，这里就有一批知识分子在苦苦追寻真理，当1936年红军长征途经康巴地区时，这批知识分子在黑暗中看到了光明，先后成立了“星火社”“高原共产主义运动小组”“东藏民主青年自治同盟”等革命组织，积极开展地下党组织活动，奋勇加入解放事业，成了藏区革命和建设的一支骨干力量。

巴塘县城

新龙佛塔（周晓宏　摄）

『野蕃』之地——新龙

新龙县位于康巴藏地腹部，地处横断山系的沙鲁里山脉和工卡拉山脉南端，雅砻江南北贯穿175千米。境内高山巍峨、深谷险峻，自然风光壮美而绚烂，有雅砻江峡谷、卡瓦洛日大雪山、措卡湖、拉扎呷神山等自然景观驰名于世，令世人赞叹向往。

不过，古时的新龙却是一个极其偏僻而荒远的地方，距川藏茶马古道南北两条主线都有数百里之遥，因而对外交通往来极为不便，即便是到达周边相邻的白玉、道孚、炉霍、雅江、理塘等任何一个县，往返都要十多天时间。千百年来，新龙生产的皮毛、贝母、鹿茸等，只能靠驮队驮往康定才能换回当地居民所需的食盐、茶叶及日用品，往返一次就要一个月时间。

就在这样一片荒远的土地上，历史曾演绎了诡谲而绚烂的篇章，留下了丰富的文化沉淀。至今在新龙境内，到处都留有历史、宗教故事。

据史籍记载，唐宋时期，新龙属吐蕃，元代时朝廷虽封置了土司，但这里的藏族人民性格强悍，长期独据一方，不受约束。到清朝时，新龙被视为“野蕃”，朝廷曾多次进兵清剿也未能平定，新龙一直保持着它独立王国的地位。到清咸丰年间，割据新龙的工布朗吉势力更盛，四处用兵，兼并周边土司领地，袭击清军，劫掠川藏商队。到了同治年间，朝廷令西藏和四川两地同时进兵新龙，藏军攻下新龙后向朝廷索要30万两银子的军饷，朝廷无力支付，便将新龙划归达赖喇嘛，让其征赋税以抵军费。这样，属朝廷管辖的康巴藏区腹地的新龙便归了达赖喇嘛。之后，清廷曾多次准备收回新龙都未能如愿，直到光绪末年僧俗上层反叛朝廷，杀死驻藏大臣凤全，朝廷才下决心以武力威慑的手段从藏官手中收回新龙的管辖权。

长期的独立割据，加之当地藏族人民的强悍性格，延缓了外来文化的渗透。到元代初期，藏传佛教得到皇权的支持在藏区发展盛行时，新龙这里依然信奉着藏族古老宗教——本教（也称本波教）。至今著名的本教寺庙益西寺就在县城东南甲拉西乡境内。这座创建于公元958年的古寺，至今已有千余年

益西寺（王永生　摄）

的历史，曾一度分为六寺，又由六寺合为一寺，并作为康巴藏区最大、最古老的本教寺庙而著称于世。本教是公元6世纪由丹巴辛饶弥沃在原始自然宗教基础上创建的一种宗教，曾兴盛于西藏阿里南部象雄地区（古称香雄），后逐步向东传播，并在7世纪参与政治活动，直接为吐蕃王权服务。本教凭原始思维模式构建神灵世界的秩序和宇宙的结构，将宇宙划分为年神、赞神和龙神三部分。这种宗教崇拜鬼灵、自然神和保护神，敬重巫师，盛行巫术。到公元8世纪，吐蕃王兴佛抑本，本教逐步走向衰弱，但作为藏族文化的源头，它并没有消亡。藏传佛教格鲁派在康巴藏区兴旺发展时，将本教融进了佛

新龙县城（王永生　摄）

教，佛教改造并吸收了本教，一些本教寺庙变成了佛教寺庙，本教僧人变成了佛教僧人，有的本教则在吸收佛教理论后改本经为佛经，逐步形成佛教的一个派别，被称为“本波派”。益西寺就是现存最大的本波派寺庙，在与佛教相通的前提下，仍在教义教规、法事程序、宗教艺术等方面保持了本教的鲜明特色。为此，本教在新龙民众的生活中留下了深深的印痕，人们的祭祀仪式、节日习俗等方面还能看到本教的影子。

到了明代，以格鲁派为首的藏传佛教各教派逐步在康巴藏地兴盛起来。佛教教义家喻户晓，经幡、玛尼堆随处可见，寺庙建设持续不断，新龙的宗教氛围也浓郁起

新龙农区麦收时节

来，一时间新建了许多寺庙。新龙的众多寺庙中，值得一提的是瓦秋寺。该寺规模不大，却保存着一部世界仅有的本教经典《金刚乘甘珠尔》，共178函、88284页，是珍贵的经典和稀有的文物。说到新龙佛教，不能不提到康区独一无二的吉祥如意塔。这是令人惊心动魄的佛塔群，坐落在新龙县城以东数十里外的拉日马乡一个美丽的谷地间。佛塔共113座，排列为方阵，中间的塔高突，四周层递降低，四边每排横排11座。最中间的高塔代表释迦牟尼，其次为尊胜塔、菩提塔、莲聚塔、天降塔、吉祥门塔等。一百多座佛塔组合起来，远望去若一座大塔，气势宏大、雄伟壮观。在塔群一旁，还有众多刻有神像或经文的石刻排列着，一侧还有一尊刻有经文的石片垒砌的佛塔，高10余米，刻痕里涂有各种颜色，蓝色代表天，黄色代表地。这就是著名的甘珠尔塔，是由刻有《甘珠尔》经文的石板堆垒而成。把一部经书的文字刻在成千上万的石板上，这的确是一项浩大而艰巨的工程，没有一颗虔诚、持之以恒的心是难以完成的。至今，在佛塔不远处的几幢低矮的小房里，依然有人日复一日地在石块上刻凿着佛像和经文。听着叮叮当当的凿刻声，凝视着精工而雄奇的佛塔群以及那些玛尼石和经幡，顿然觉得拉日马乡的这片谷地不再荒寂——这里，是产生信仰、祈愿和梦想的净地，是无数生死话题交织重叠的秘境。

桥梁建筑是新龙另一种奇特的文化。在民国以前，境内雅砻江上有7座木制大桥，均为伸臂式木拱桥。桥身全以原木构成，为悬挑式叠梁结构，无一钉一铁，数百根木料层叠套架，构成数十米长的桥梁，原理玄奥、结构巧妙，形象美观、气势宏伟，受到建筑学家们的高度称赞。可惜的是1930年西藏噶厦政府军进军新龙时烧毁了这些大桥，使这些藏族文化的结晶毁于一旦。好在甲拉西乡一民间建筑师精通这种建桥技术，于1933年带领藏族人民在安乐乡波日地段的雅砻江上修建了一座跨度45米的悬挑式伸臂叠梁结构木桥，使这一文明成果得以传承下来。这座桥经70多年风雨的洗礼，桥身已倾斜，桥头的桥楼已坍塌，但依然不失其气势。近些年，当地政府又新建了一座仿古伸臂式桥梁，使这一藏文化结晶得以再放光彩。

雅砻江上曾修建了众多的伸臂桥，无疑是古风的传承。据藏族史籍记载，14世纪的高僧、医学家唐东杰波为造福众生，曾带领民众在康区境内大江小河上建桥100多座，其中几座就在新龙县境内的雅砻江上。最初建桥时，民众反应并不强烈，很难募捐到资金。于是他从西藏山南的信徒中选出姊妹7人组成一个班子，将佛教故事改编为歌舞到各地演出，以感化民众。桥建成以后，歌舞班子还做了庆贺演出。这种演出就是藏戏的雏形，也由此被称为藏戏的始祖。

新龙波日桥的悬挑式结构，被称为藏区一绝

本波寺庙益西寺

煨桑

本教是藏区的原始宗教，其教义是相信万物有灵，崇拜天地、日月、星辰、雷电、山川、土石、草木乃至一切万物，相信其有幽灵巫鬼，并通过祭祀达到禳灾祈福的目的。本教把宇宙分为三个层界，上层是天神，中层是人居住的世界，下层是神魔鬼怪的区域。本教在藏区普及甚广，渗透到人们精神生活和社会生活的方方面面，其传教巫师地位也很高。后来佛教以压倒一切的气势在藏区传播开来，本教的空间被大幅挤压，部分本教寺庙为了生存而改宗为佛教，部分寺庙将本教与佛教相互渗透，纯粹的本教已不存在，现在所说的本波派，是早已佛教化了的本教。

康巴藏区现存的本波派寺庙已不多，在甘孜州境内少数几个县里存在的本波寺庙约有44座。新龙县的益西寺是现存的本波寺庙中较有影响力的一座。

益西寺位于新龙县甲拉西乡。该寺于后周显德五年（958）由桑达郎卡益西主持首建。到元大德九年（1305）因部落首领无子继承主持权，将寺庙分为六座小寺；清道光二十九年（1849），多登公布下令将六座小寺合并，并迁至甲拉西乡重建，命名为羌堆益西寺。1914年，寺庙进行了扩建，大殿设8根中柱，大门以黄铜包裹，墙壁上绘制了壁画，后殿塑了三丈多高的佛像，寺内梁柱、窗眉、神桌等精雕细刻，彩绘耀目。寺内有多种珍贵文物：金铜佛像200余尊、《甘珠尔》等经书上千卷，还有藏官赠送的唐卡、法螺、旗帜等。目前的寺庙有僧人百余人，其中活佛1人，喇嘛不到10人。

益西寺所处的新龙县，是红军长征时北上的途经之地。因此，寺庙与红军还发生过联系，建立了良好的关系。1936年，上千红军战士露宿于寺前坝上，不仅对寺内财物无犯，还帮打扫寺庙环境卫生，寺庙僧人们极为感动。当时的主持活佛尼玛降泽见红军无粮，迅速给红军筹粮4000多斤、盐巴3驮、酥油3包，并为红军伤员治病。红军也给寺庙送有礼物，至今，寺庙里存有的1副铜钹、1顶如意胜利幢，都是当年红军所送。

莲花宝地

道孚

道孚，造物主创造的画廊，人神共居的乐园；道孚，多元文化的走廊，藏房艺术的宝库。

位于青藏高原东南边缘的道孚县，被世人称作祥瑞之地，有“莲花宝地”的美誉。在当地，有这样的传说：远古时这里是一片汪洋大海，神仙从天空抛下一朵金莲花，刹时海面金光闪耀，一朵巨大的莲花从海中升起，花瓣渐渐变成了莲花一样的山峦，花瓣间残留的水滴就成了莲花山间的湖泊；有一天，七世达赖喇嘛从西藏来到这里，按照神的旨意指导百姓围湖造地，于是才有了肥沃的土地、起伏的山冈、丰茂的牧草和肥硕的牛羊。

特色鲜明的道孚民居

的确，道孚是个物产丰饶、风光旖旎的地方。在这片7546平方千米的土地上，雪山高耸、山冈绵延、草原广阔、林木茂盛、河流蜿蜒。驱车从境内穿过，沿途的绚烂风光令人恍若进入仙境。眺望远方，伟岸的雪峰突兀高耸，在它前面一层层舒缓的山梁在蓝天的背景下描出一道道优美的曲线。碧绿的草地上，游荡着黑色的牦牛和白色的羊群，河流静静地流淌，岸边如茵的草地上点缀着缤纷的野花，山湾里鳞次栉比地坐落着别致的藏房。若是在清晨或黄昏，太阳低斜地照着，河水、山冈、草地、树木、藏寨、牛羊的颜色都会被阳光

道孚玉科林间草地

渲染得浓重而夸张。

道孚最美的是八美镇，这个地方是高原美景的浓缩版，有“油画世界”的美誉。在这里，从任何角度看去，都是一幅美妙的风景画：青青的草坡、金黄的青稞地、伟岸的大树、蜿蜒的河流、错落的藏寨，一切都组合得那么和谐而有韵味，一切都被阳光涂抹得明丽而耀目。到了秋季，高大的白杨叶子变得黄里透红，在湛蓝天空的衬托下，辉煌夺目，令人想起童话里的迷宫。驱车在公路上行驶，窗外如一幅巨大的画卷在徐徐展开，黄、红、青、白、蓝各种色块无休无止地释放着魅力，令人不住地惊奇感叹，也令人不由地发问：“为什么造物主把美不胜收的景色都打造在了这个地方？”此时，往往还会遇到这样一种令人震撼的情景：路边三三两两的小学生见汽车急驰而来，便立正站定，将小手举过头顶向车里的旅行者庄重地敬礼，他们的脸上还挂着纯真的笑容……这时候，你就会深深地被感动、深深地被渗透，顷刻间会觉得窗外的树木、山冈、草地和藏寨不仅愈发得美，也愈发得与人亲近。

道孚县有许多著名的景观，如玉科草原、龙灯草原、雅拉雪山、扎噶神山、勒德学姆神山、白日山、弥勒佛山、八美石林群等。石林群距八美镇仅几千米，位于317国道旁，面积5平方千米，是由远古海洋悄声退却后海底隆升形成的岩石景观。远远看去，形若群山聚会，峥嵘起伏、嶙峋突兀，走近细看，伫立的岩石有的如柱、如笋，有的如蘑菇、如莲花，有的似宝剑、似奇兽，千姿百态。这些石群随季节变化色彩，秋为银灰色，夏季多为苍墨色。玉科草原是境内一条森林带中的草原牧区，玉科河流经全境，与大渡河交融在嘉绒藏族聚居地区的观音桥地界，是康巴康区与嘉绒藏区之间的一条绿色走廊。草场广阔、景色美丽，素有“天山风光”之称。雅拉雪山位于道孚东南，与康定、丹巴县交界，山上有冰川、瀑布、湖泊、温泉带，植被茂盛，属现代立体自然景观结构。藏文古籍《神山志易入解脱之道》中对这座山有记载，称之为“第二香巴拉”。这座神山海拔5884米，为青藏高原大雪山脉的第二高峰，与贡嘎山遥相对应。山顶终年积雪，在晴空下银光闪闪，数百里外就可看到它的壮丽雄姿，是史诗《格萨尔王传》中提及的四座神山之一，有“东方白牦牛”之称。从康定塔公草原望去，它似莲花宝座，从西边的龙戈山望去，它像银白色的皇冠 。山上有几处现代冰川，有一道60米高的瀑布。瀑布下方便是友措神海，也称玉石海，海水翠绿、深灰、褐黄、淡黄四色并存。神山四周分布着许多高山峡谷，风光秀美，气象万千，其中以八美的雅拉风景区最为诱人。那里有雅拉英措湖，被藏族人民视为圣湖。

道孚的另一处景观是山湾里

道孚协德盆地

安详而宁静的藏寨，西方人曾称之为“神仙居住的地方”。鳞次栉比的藏房，美得令人吃惊，堪称藏区一绝。这些房屋造型极美、造价极高。高梁厚柱，饰以雕镂图案，融民族建筑、宗教、文化、艺术风情于一体，观之富丽堂皇。这些藏房不论是纯藏式还是藏汉结合式，都为一楼一底或两楼一底，俗称“崩科”。圆形骨架，筑石墙或土墙为崩科框架，“品”字形滴水檐，由棕白两色涂料涂就，白色屋顶、白色主墙，滴水檐和门窗等木质构件均以棕红涂料涂染，配以红蓝图案，远远看去，像儿童的积木。院坝里屋顶上偶尔有穿藏服的女子或穿红衣的喇嘛走过，寨子瞬间就变成一幅生动的风情画。偶尔走进一个民居，只见室内精雕细刻、色彩艳丽，每个图案和图画都

道孚草原

修建中的道孚民居。这种房屋由大量木材搭建而成，是极有特色的建筑

是一个吉祥物或一个传说故事。这种建筑已沿袭了几个世纪，因为它符合当地地理条件和气候条件，也与本地藏族人民的生栖状态和文化传统相吻合，所以并没有因社会的变化而改变。

道孚地处甘孜州中部，东可到丹巴，南可到康定，北可到炉霍、甘孜，西可到新龙，在古代是东西南北交通的要冲，是茶马古道上的一个大驿站和货物集散地。历史上因为辖制权的频繁更迭，这里也是民族迁徙的大走廊，先后有氐羌人、蒙古人、西夏党项人、木雅人及汉人迁入。明清时期，道孚商贸发达，本地官商、寺庙商、贵族商和民间商，分别把生意做到了拉萨、成都、雅安甚至更远的地方，四川、陕西、河南和江西也有商人在此经商或采金，其中一些人最终定居下来，与当地土著融成了一体。现在，他们的服饰、语言、信仰和生活习俗已与当地藏族人民没有明显区别，唯一能显示他们来自汉地的是他们的藏族名字前面往往加有汉族的姓。

奇怪的是商贸的繁荣、交通的发达和外族的迁入，并没有冲毁这里古老的本土文化。各个区域都相对完整地保留着他们的传统和习俗。最为典型的是鲜水河畔的扎巴大峡谷，那里保留的走婚习俗被称为“人类进化的活化石”。

道孚还是个十里不同俗、隔山不同语的地方。至今，还有个地方被称为“语言的孤岛”，他们说起话来，相邻的藏族村民是听不懂的。据专家研究，他们的语言属藏语，但里面却有西夏语、古藏语和古羌语的成分。这一现象被语言学家和民族学家称为奇迹。

道孚，造物主创造的画廊，人神共居的乐园；道孚，多元文化的走廊、藏房艺术的宝库。

乡城桑披寺大门口的彩绘和浮雕极为华丽，已成为乡城的一处景观

白藏房，乡城的风景

乡城县位于大香格里拉圈的核心区域，北连理塘，南与云南中甸毗邻，西靠巴塘，东与稻城接壤。境内有硕曲、定曲、玛依三条河流自北向南，将地貌切割为三谷、四山、六面坡。碧绿的河流在高山峻岭间蜿蜒流淌，为高原拓出了一道道奇景嵌缀、风光绚烂的峡谷。在这里，被视为香格里拉特征的景观应有尽有，雪峰、草原、森林、江河和湖泊巧妙布局，村寨、寺庙、牧场和庄稼点缀其间，一切都显得和谐美丽，俨然一处高原仙境。所以，这个地方自古就被称为“神仙居住的地方”，县城所在的小镇还有一个妙不可言的名字——香巴拉，这个地名来源于《大藏经》中一个童话般美丽的王国。

然而，乡城最令人惊心动魄而难以忘怀的，还不是这仙境般的风光，而是独特奇异的民居——白雕房。这种白雕房外墙一色的纯白，白得闪亮、白得纯净、白得耀眼、白得无与伦比。在这里，在河流

康南男子头饰多种多样，图为其中一种（陈锦　摄）

乡城的白雕房，是乡城的象征，乡城的灵魂。

两侧的平坝上、山湾里和山腰台地上，到处都有这种白色的雕房。河谷就像一条绿色的带子，村寨就像穿在带子上的白色的珠子。所以，古籍中就称此地为“卡称”，意为佛珠，说这是硕曲河这根带子穿起的佛珠。这些镶嵌于山野里的一座座白色的藏房，依地势环境而建，随坡就势，或七八座相簇为寨，或数十座布局为村，与森林草地、蓝天白云、高山峡谷相映相衬，和谐共存，互为点缀、互为装饰。特别是夏秋季节，寨子四周的庄稼，因为时令、品种和播种早迟的原因，呈现出淡青、深绿、草绿、浅黄、青黄、土黄等各种颜色，而荞麦花开后则是大片的粉红，这时候，白色的雕房坐落其间，高高突兀于众多色块之上，真是极美的风景。在春天，房前屋后，偶尔还有几株梨、桃、杏、李树，鲜花绽放点缀，妙不可言。这时候，行进于山谷河湾，漫步于村寨，到处都是形制统一的白雕房，到处都是白房子与大自然和谐共存的风景，你会感到到处都充满阳光、充满色彩、充满希望，不知不觉中就会产生身处人间仙境的幻觉。

乡城的白雕房是传统康藏建筑融汉族和纳西族建筑风格为一体的建筑，与其他地方的藏居有显著的差别。这些白雕房都为土木结构，墙体厚达1米，由泥土夯筑，外墙上部向内倾斜，远望去上小下大，视觉上给人稳重之感。内墙上下垂直，房内由木柱、木梁支撑，一般房屋有二三十根立柱，也有的房屋立柱近百根，体量极大。房屋一般三到四层，层与层之间由木梯相通。二层是主要生活区域，有卧室、厨房、经堂、客厅。上层通常储物，顶部半封半敞，有晒台。对一家一户来说，修建如此建筑算是一项浩大的工程，一代人难以完成，通常由几代人相继努力才告完工。一代人修一层或两层，代代相续，第三代、第四代搞室内装修。尤其是厨房和经堂的装修，耗资又耗时，单就梁柱的雕刻和彩绘，就是不易的工程。这种代代人相继修建的传统，是代代血脉相连、精神相连、心灵相通的印证。

这种白雕房纯净耀目，是主人每年要将白墙粉刷一遍的缘故，也称给白墙“灌顶”。其方法是：每年传召节前一月左右，用阿戈土（也可用石灰）和水形成白色泥浆，盛入容器，从墙顶浇下，将墙染白。这不仅看起来美观洁净，还有防雨水的作用。乡城人还认为，每年粉一次墙，其功德相当于点一千盏酥油灯、诵一千遍平安经。

两牛抬杠式耕地（多吉彭措　摄）

制陶（多吉彭措　摄）

乡城的藏居为何一律是纯白，还有几种说法。一说白色如白云、如哈达，象征纯净圣洁，人们习惯住白色的房子。又有说巴姆山神一天觉得土色雕房与环境不协调，于是就取出香炉的白灰洒下，把房子都染白了，从此人们就有涂白墙的习惯，这当然是神话传说。还有说乡城桑披寺博学的赤江活佛被五世达赖请到拉萨去做经师，后成为藏区圣人，而他成就功德的地方是乡城的桑披寺。为嘉奖大德活佛生长的地方，五世达赖敕令：在建筑中代表神圣的只限寺庙专用的白色，在卡称地区可以用于民居。自此以后，乡城的雕房就一律粉成白色了。

走遍乡城的山岭河谷，到处都是纯白耀目的雕房，与青山绿水一起构成了乡城特有的风景，令人享受视觉的盛宴，令人永久难以忘怀。乡城的白雕房，是乡城的象征，乡城的灵魂。

乡城村寨均为白色，被视为一景（多吉彭措　摄）

桑披寺是乡城影响力最大的寺庙。桑披寺崛起是在清朝早期的五世达赖时期。当时寺庙里的僧人常受其他教派的欺负，寺主若·崩松本洛亲赴西藏向五世达赖叫苦，五世达赖遣蒙古军官吉布康珠到乡城整改教派，将108座寺庙纳入桑披寺，并改其为格鲁派，若·崩松本洛为第一任寺主。到康熙八年（1669），在五世达赖倡导下，崩松本洛在吉布康珠协助下，于噶举派甲夏寺原址上新建了桑披寺。这是藏东地区最大的格鲁派寺庙。

桑披寺的再次发展壮大，是在清中期的1811年。当时的主持赤江活佛，博闻多学，被九世达赖隆多嘉措请去做经师，几年后于1815年荣登第69任“噶丹法王”宝座，成为康区圣人，地位陡升、名声大振、信徒大增，桑披寺也由此成为闻名遐迩的名寺。

桑披寺全名噶丹桑披罗布岭，意为“格鲁派遂心如意、兴旺发达的宝寺”。然而，桑披寺自康熙八年建寺以来，并非一切都遂心如意。寺庙曾有过两次大的磨难。第一次是1905年改土归流时，桑披寺僧人与巴塘康宁寺僧人共谋，武力反对改土归流，赵尔丰派兵进剿，寺庙遭到部分破坏；第二次是“文化大革命”期间，寺庙建筑和文物遭到相当严重的损毁。此后寺庙还遭受过火灾。

现在的桑披寺，是20世纪90年代新建的。它已成为远近闻名的融建筑艺术、雕塑艺术和彩绘艺术为一体的艺术殿堂。据说这座寺庙建造时没有设计图纸，没有职业工程师、雕塑家、画家参与，全部靠本地的民间工匠和艺人完成设计、施工、雕塑、彩绘的。但寺庙的造型、结构、布局、工艺得到了专家们的高度赞誉，寺庙的浮雕、圆雕、彩绘、绘画令专业人士惊叹不已。说这是一座艺术圣殿一点也不为过，楼阁厅廊、门楼围墙、梁柱台窗、挑枋椽柱，处处雕刻彩绘，体现了非同凡响的艺术造诣。走进这座大寺，即便你不是虔诚的信徒，也会为这些彩绘、雕刻、壁画、唐卡、泥塑所震惊而心生敬意。富丽堂皇的彩色绘画、栩栩如生的雕塑，与别具一格的建筑融为一体，体现了匠人们高超的智慧和技艺。尤其是大门外的雕塑，由精细的浮雕、镂雕、双层雕等多种形式的木雕结合一体，极为精美。

生栖秘境
影像
香巴拉
SHENGQI MIJING

木格措之秋

名城·名山·名歌

《康定情歌》这首歌听得久了，脑海里便有了关于康定城的想象：在蓝天白云的下面，在辽阔的高原上，坐落着一座风情独具的古城，四周是坦缓起伏的草坡，有牛羊在悠悠地觅食……真正到了康定，眼前所见与想象的情景大相径庭，着实让人感到意外、惊讶。这座古城坐落于峡谷中，被三座“品”字形布局的大山环围着：南是跑马山，西北为阿拉木公山（也叫折多山），西南有郭达山。折多河自西北而来，在城中与西北而来的雅拉河汇合一处后，一路腾涌东去，汇入了大渡河。这是个地理环境奇特的古城，藏语里称为“打折多”，意为两水相汇之地。清代果亲王进藏

康定西侧折多山

康定城俯瞰

途经康定后，曾这样描述康定城：“炉城二水夹流，三山紧抱。”

城北有山，高耸巍峨，为郭达山，当地人曾为此山附会出这样一个故事：三国时诸葛亮南伐孟获，曾派一个叫郭达的将军来此地征战、造箭。郭达造箭技艺高超，一天就可造出数千只，令人惊讶不已，人们以为他有神灵相助，为了纪念他，就把北面的高山叫作“郭达山”，在山上修了郭达庙，并将这个叫“打折多”的地方改名为

"打箭炉"。康定城南是著称于世的跑马山。这座山海拔3000米，山势奇异、仪态万千，远眺似鹿，又似卧狮。山腹有坪，春夏之际绿草成茵、鲜花盛开、林木葱郁、飞瀑流泻。藏语称跑马山为"拉姆则"，意为仙女山，是藏族崇拜的神山。相传8世纪末期，印度莲花生大师派弟子碧如扎拉来此传教，见此山下有深涧幽谷，上有怪石嶙峋，气象非凡，故写了《拉姆则》一书予以赞颂，从此拉姆则成为藏区名山。清朝时，康定的明正土司每年农历五月十三日都要在山腰台地举行祭奠山神仪式和盛大的赛马会，此后拉姆则就被称为跑马山。至今，当地群众每年都要在跑马山上举行四月八转山会，转山会融纪念佛祖诞生和文体娱乐功能为一体，届时山上帐篷星罗棋布，人们身着盛装上山游览、朝山拜佛，山歌、弦子、锅庄竞相上演，整个跑马山陷入一片欢腾。城西的折多山也是一座世人皆知的名山，海拔4000多米，是"关里"与"关外"的分界线，是东部深山峡谷与西部高原地貌的分界线，是藏汉交通的门户。

镶嵌于上述三座名山间的康定城规模不大，历史也不算悠久，却因为它曾是中国为数不多的几个商埠重地而有了丰富的历史文化积淀。在清代，康定的繁荣和灿烂是世人皆知的，许多文献中都有这方面的记述。如清果亲王《西藏日记》所记载，雍正七年雅州府同知驻此，为通西藏青海之要区，茶货所聚，市肆稠密，烟火万家。《川藏哲印水陆记异》中也写道，炉城有三门，山水为城廓，即口外番夷贸易之所，亦茶市之要区也。人烟辐辏，市井繁华，凡珠宝等物，为中国本部所无者，每于此地见之。

据史料记载，康定城这地方宋代以前是道荒谷，元代时仅为一个小村。由于这里地处藏汉交通的咽喉处，宋代和明代，朝廷控制的茶叶贸易（以茶叶换藏区的马匹）往来运输都得从这里经过，使这个地方成了茶马古道上一个重要驿站和货物集散地。清康熙三十二年（1693），西藏达赖奏请打箭炉设集市获准，这里遂成为西部的一个重镇。清康熙四十年（1701），朝廷在此设土司，四川提督也进驻此地。第二年，朝廷又在此设征收茶税、管理藏汉贸易的监督局，派驻钦差督办，派驻军队戍守。1729年，朝廷还在此设打箭炉厅，并修筑城墙城门，从此康定城成了康巴地区政治、经济、文化的中心，藏汉贸易得以在此迅猛发展。据记载，光绪年间康定设府以后，商帮达20多家，商贩达3000多人。商帮以籍贯划分有川帮、陕帮、晋帮、渝帮等，他们各有所长、各有专营。同时，西藏政府和三大寺也来此设立以贸易为主要功能的办事机构。一时间，这个峡谷中的城镇竟然成了与上海、武汉齐名的全国三大商埠之一，康定的商会也是全国三大商会之一。无论是那些从内地运来茶叶、布匹、盐巴等货物的汉商，还是贩卖马匹、药材、皮毛和土特产的藏商，他们到达这里后，都可以不再继续前行，各自在这通过锅庄（中介机构）实现贸易目的，各自在这里解决语言、习俗方面的困难。他们在带来不同货物的同时，也带了不同宗教、不同语言、不同习俗和不同的生栖观念，使康定成了一个贸易繁荣、观念开放、文化多元的名城。

康定城，是一个经济之城、商贸之城、开放之城、喧闹之城。这里，是商贾的乐园和战场，他们在这里尽情展示自己的谋略和精明，施展自己的算计和手段，演绎着一幕幕贫与富、成与败、喜与悲的故事。然而，就是在这么一个以商贸为主旋律支配一切、左右一切、影响一切的地方，却诞生了一首唱遍世界的情歌——《康定情歌》。乍一想有些怪，贸易、商战、金钱怎可与爱意绵绵的情歌联系起来？细想之，似乎一切又都在情理之中：在成与败、悲与喜的商战中角逐是人性的一面；唱悠悠的歌、恋绵绵的情是人性的另一面。

“跑马溜溜的山上，一朵溜溜的云哟，端端溜溜地照在，康定溜溜的城哟……”这首20世纪流行康定的本土民歌，最初由谁编创又怎样传唱开的，已不得而知。20世纪50年代中央人民广播电台曾多次播放这首歌曲，它很快在全国流行起来。联合国科教文组织曾向世界推荐过10首最有影响力的民歌，其中就有《康定情歌》。

经幡（宁纪宇　摄）

高原湖泊

贯穿康定城的折多河（宁纪宇　摄）

生栖秘境
影像
香巴拉
SHENGQI MIJING

如诗如画的嘉绒藏寨

行走在丹巴县城周边的大小金川河谷和大渡河畔，在那河湾坦缓地带和峻岭高处的台地上，在那田畦相间、果木掩映处，随时都能见到三五成簇、密布成寨的嘉绒藏族民居，令人视觉一新、心旷神怡。这是藏地最具特色的民居，别致的造型、鲜艳的色彩和奇特的装饰，与青山绿水一起，构成了不同于任何一处藏寨的独特风景。

嘉绒藏族的栖居环境非常险峻，岭高坡陡、沟深谷狭，山岭上凡有坦缓舒展之处，都会被择为修房造屋之地。这样，嘉绒人的房屋

嘉绒藏族村寨（多吉彭措　摄）

不是突兀于峭壁之上，就是相依于岩崖之下，与巍峨嶙峋的大山融为一个整体。嘉绒藏地海拔相对较低，利于植物生长。在村头路边，到处挺立着柳树、大叶杨、柏树、黄连等树木；房前屋后，栽种有李、桃、杏、梨、樱桃等各种果树。每到春夏之季，果树开花，五彩缤纷，如霞似锦。鲜花掩映处，是石砌的嘉绒雕式房屋；篱笆旁和小路上走过的，是身着传统服饰的女人或孩子；周边青绿黄褐相间的，是菜地和庄家地块；远处，高高耸立着的，是一座突兀于天空的嘉绒高雕……这时候，如同置身于一个立体的画廊中，从上下左右任何一个角度看去，都是一幅美妙的图画，令人激动、令人痴迷。

在丹巴县城北十余里处的大金河谷西侧半山上，有一个巨大的寨子。那里的建筑具备嘉绒藏寨的诸多特征，是典型的嘉绒民居，人称“甲居藏寨”，前去探访的海内外游人和学者络绎不绝。那个地方大山高峻、谷口束狭，在谷底抬头仰望，耸立于天空的悬崖好像随时要坠塌下来。在清晨的时候，山的顶端被太阳镀亮染红，而山脚依然沉浸于暗影中，涧谷显得黝黑而幽深，令人发怵。去往甲居藏寨的公路就从这里上山。公路在裸岩森然的陡壁上避来让去，曲曲折折地向山顶盘绕，极陡极险。车辆要小心翼翼地拐过许多“之”字形急弯，才能来到山的上部。

山上部的地势变得坦缓了，豁然亮出的是一个簸箕形的巨大山坳，甲居藏寨就在那里。远远望去，一栋栋独具特色的嘉绒藏房散布山坳，随坡就势、栉比错落，或立于崖岩，或落于台地，或三五成群，或孑然独立。若在春夏季节，满山坳鲜花竞相开放，白的是梨花和李子花，粉红的是桃花，白中泛红的是杏花，还有海棠花、樱桃花和五颜六色的野花相衬相映，绚烂悦目。与鲜花相映成趣的，是缕缕团团的墨绿、青绿和嫩绿，那是果林间、道路旁、地脚边的柏树、小果蔷薇和柳树。绿树、鲜花和藏房彼此簇拥、交相辉映；潺潺溪流、弯弯小路和村寨

嘉绒藏寨

互为镶嵌、互为点缀。在村寨里徜徉，人们会眼花缭乱、情爽神怡，恍若步入世外仙境。

令人不由细细端视的是那一栋栋藏房。那是典型的嘉绒藏族民居，形体高大，每栋占地约200平方米，由石块垒砌，呈四合院型，三层、四层的居多。一层圈着牲畜，二层为厨房、锅庄房，三层住宿，四层一般设经堂和储存室。这种民居保留了藏族平顶雕房的一般特征，但结构更复杂，层次感更强，整个房子的造型如打坐的僧人，顶层之下的首级“L”形平台像僧人打坐时交合的双手，再下一层的“L”形平台像僧人打坐时盘的腿。平台既是活动场地，也是晾晒粮食的场地。嘉绒藏房的色彩极为明快，墙的下部为石块本色，上部及顶为白色，顶檐下有一道棕色；木结构部位如柱、枋、檐、斗、拱等涂棕色，配以小块黄、白、蓝色，并饰有雕刻。最具嘉绒特征的是房子的顶部，四角各砌有一个塔状突起物，1米多高。有人说这是塔的变形，有人说分别代表了四方神祇。但各地嘉绒藏族人民却称此为“拉吾则”，意为曾经建碉的部位。由此看来，这四个突起物应是高碉的象征，凝聚着嘉绒藏族的一段历史记忆。

嘉绒藏寨

当然，在甲居藏寨，最惹人注目的，是跃动于藏房前、小路上的嘉绒姑娘的身影。她们头顶绣有图案和彩边的“巴惹”，佩戴镶有珊瑚、绿松石的金银发饰，颈系绿松

丹巴锅庄舞（多吉彭措　摄）

石珠串，身穿彩缎连衣百褶裙，外罩齐膝的高领外套，肩披披肩，腰围围腰，全身服饰均有花卉图案彩边，五彩缤纷、绚烂夺目。她们同丹巴美人谷的姑娘一样，个个貌美如花、气质高雅。路遇远道而来的游人，她们会主动上前搭话，邀你去她们家体验嘉绒风情。在藏族村民家中，你可参观她们的房舍，了解她们独特的嘉绒民俗，还可听她们唱歌……

甲居藏寨是一座嘉绒文化的博物馆，在那里能够感受到嘉绒藏族建筑、服饰、饮食、礼仪、习俗、节庆等诸多文化的趣味，能够触摸一个民族的独特个性。

丹巴『美人谷』

嘉绒藏族栖居的丹巴县不仅有“千碉之国”的美誉，还有“美人谷”之称。当你走进丹巴，无论是城镇还是深山村寨，无论是高碉旁侧还是果园丛林，随时都可能遇到窈窕女子让远道而来的路人看得目瞪口呆。丹巴女子婀娜多姿、天生丽质、冰肤玉肌，无须粉黛装饰，无须华丽的衣饰点缀，便气韵毕现、风姿绰约。近些年来，由于一些演艺机构、大型企业频频来丹巴寻找美女，当地便兴起了一年一度的选美活动，选出最美的女孩分别称作“金花”“银花”“石榴花”“康巴花”。这些“花”个个能歌善舞，气质典雅高贵。据统计，这个仅有5万人口的小县，近几年在外地演艺团体打工的就有2000多人，这实属罕见现象。据说，距丹巴县十来千米有一个叫“井备”的村庄，旧时就是盛出美女的地方，当地各土司以及其他各地的土司都喜欢到那里去选美。被选中的美女出嫁时要在村中栽一棵柏树，所以现在村里古柏成林，成了一道耀眼的风景。清代笔记中有篇《金川妖姬志》的文章中记载了一个嘉绒美女叫阿扣，她曾使几位土司和几位清朝高官为之倾倒，最终引发战争，导致清将张广泗、讷亲等人被乾隆皇帝赐死。可见丹巴及大小金川盛出美女的事早在清代就已是众所周知。

什么样的女子才算美？似乎难有一个统一的答案，各民族对美女也有不同的评判标准。在丹巴，人们公认的美女不像林黛玉般的柔弱纤细、弱不禁风，也非传统文化中的深闺佳秀般孤芳自赏、不染世尘。丹巴选出的美女个个有如花的容颜、健康的体魄、豪爽的性格、灿烂的笑容。

丹巴为什么盛产美女，当地群众不能解释，便附会出这样的传说：很早以前，一只凤凰见墨尔多神山很美，便飞来变成了千千万万的美女。专家学者们也对丹巴出美女的原因进行了探讨，但似乎也得不出一致的结论。一种说法是：公元7世纪初，青藏高原出现了多个古国，其中在今西藏昌都一带有个女人掌权的东女国，国中女人个个美丽无比，今丹巴女正是其后裔。另一种说法是：西夏灭亡时，党项人迁徙到今丹巴一带，为避战祸隐瞒了其与西夏王族的关系，现在的丹巴人就是西夏王族的衣裔，因有王族血统，气质高贵、长相俊美。还有一种说法是：丹巴地处青藏高原东南缘的南北地理通道上，是历史上众多民族往来迁徙的必经之地，有的民族在迁徙中滞留下一部分与当地土著人杂居，繁衍了基因优秀的后代。如果说这些说法都有些牵强的话，那么我们就只能说，是丹巴美丽的山水孕育了美丽的女子。

生栖秘境
影像
香巴拉
SHENGQI MIJING

得荣县金沙江大拐弯（多吉彭措　摄）

太阳谷

得荣人喜欢将他们的故乡称为“太阳谷”，说太阳是从那里升起的，那里孕育了多彩的大地。

“得荣”二字在藏语里是“峡谷”的意思。得荣有众多令人倾倒的峡谷，这些峡谷风光秀美、河水清澈、山峰连绵。白云在山顶缓缓流动，湖泊倒映着雪山，森林围绕着草甸，山峦环抱着村寨。人们沐浴着阳光，跳着得荣独有的弦子舞，唱着富有金沙江韵味的山歌，过着和谐安静的生活。

得荣地处甘孜州西南部，与巴塘、理塘毗邻，与云南中甸市、德钦县相邻。从县城出发，沿定曲河而上，不远处就是大乌飞峡。峡谷幽深险峻，江水在峡谷奔流，漫步于峡谷两岸，随处可见江水撞击巨石溅起的美丽浪花。耳畔是连续不断的江水轰鸣声，两岸悬崖高耸挺拔，野鸽在崖前盘旋飞舞。这条河由北向南，纵贯得荣，玛依河、硕曲河汇入后，定曲河携雷霆之势投入金沙江的怀抱，形成了“三江夹两岸”的奇景。磅礴的金沙江在此一改狂暴的姿态，慢悠悠地前行，来到日锥峰这座金字塔般的山下，它躲躲闪闪地绕山峰转了个圈，留下了“金沙江第一湾”的奇观。

玛依河谷，跟金沙江、定曲河、硕曲河两岸相比，是另一番景象。峡谷曲折幽静、草木旺盛、一派生机。人行河谷，浓荫蔽日，山泉飞瀑般泻出，如绿茵中飞出的白龙，让人完全融入了自然。玛依河有多条支流，每条支流都是一幅山水画。尤其是莫木沟，河流中奇异的白石自成景观，两侧的树木遮天蔽日，绿色中不时裸露出奇峰怪崖，迷人的景色叫人如痴如醉。

得荣不仅有美丽的峡谷，还

得荣弦子舞（多吉彭措　摄）

有许多罕见的景观。它的高海拔牧场日主共牧场，一望无际、美丽无比，还有神秘的翁甲神山、美妙绝伦的茨巫山谷、高耸云天的嘎金雪山……嘎金雪山是世间少见的奇观，那里的林地长满灌木林、阔叶林、针叶林，林间草地美丽至极。那里有下拥自然保护区，冰川、雪峰、草甸、湖泊等景色应有尽有，构成了一幅幅绝世美景，如同造物主的画廊。

得荣地处川、滇、藏的接合部，是茶马古道往来必经之地。旧时得荣与外界沟通的主要道路有5 条：向东行通乡城，向北行通巴塘，向西过金沙江到西藏的芒康，向南渡金沙江到云南德钦。于是，这个地方就成了各地各族

商人们的往来之地。到西边去的茶叶、盐巴、布匹，到东边去的藏药、皮毛、银器等多种货物，都由马帮驮着从这里经过。这里是茶马互市、茶药互市的见证地，是民族文化相互融合、各民族团结和谐的见证地。

这个地方的金沙江边有三个渡口，最大的是瓦卡渡口，为川藏滇三地往来最集中、最便捷的渡口。早些时候，这里曾归丽江木氏土司管辖，因而迁来了不少纳西人。不过他们的习俗和语言已经改变，只有过年时才讲一天的纳西语，而许多年轻人已不会纳西语了。清中期以后，这里归巴塘土司管辖。渡口归得荣龙绒寺管，渡江人除付给划船船工费用外，还

得荣风光图

得荣茨巫田园风光（多吉彭措　摄）

要给寺庙的僧人交税。旧时，这个渡口只有一只大木船，一次可装载十几驮货和十几匹骡马。划船船工也要十几人，他们喊着号子一起奋力前进。若遇涨水，船工们心惊胆战，静静地谨慎地划着，不敢喊号子。从这里经过的有汉商、藏商、纳西商，他们有从西藏来的，有从云南来的，有从四川康定、巴塘、理塘来的，他们聚集岸边等待过江，使这个地方成为得荣最热闹、最繁华的地方。这些往来的商人、赶马人互相有交流往来，他们同当地百姓也有交流往来。久而久之，这里就成了一个各种文化和习俗融合渗透的辐辏之地。

商人和赶马人最怕的就是大雨。大雨使江水暴涨，摆渡船不得不靠岸停运。这种时候，两岸远道而来的马帮会越积越多，他们三五天、五六天地等待着，骡马的队伍越续越长，货物逶迤堆放几里路。路边堆不下时，货物就向山坡上延伸堆放，形成满坡满岭都是骡马和货物的奇特景象。赶马人们在他们露营的简易帐篷里吃着、喝着、闹着、唱着，以此打发时光。

渡口的木船，渡过了成千上万的马帮，把茶马古道延伸到了远方。从渡口过来的，他们从西藏、云南而来，去往川西各地；从渡口过去的，去到云南、西藏，甚至是尼泊尔、印度加尔各答等地。现在公路修通了，渡口上游十余里处架起了大桥，马帮渡船过江的盛况已成为了历史，但这个安静下来的渡口以它深厚的历史人文积淀依然吸引着很多人。

瓦卡渡口，茶马古道上的一颗明珠；瓦卡渡口，得荣历史上灿烂的一页。

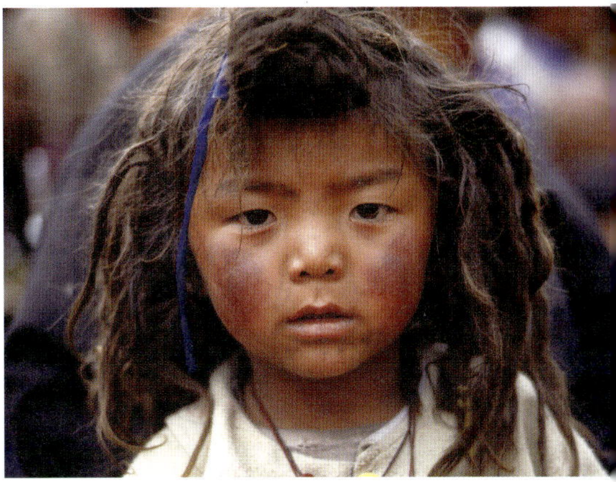

牧人之子（多吉彭措　摄）

得荣人喜欢将他们的故乡称为“太阳谷”，说太阳是从那里升起的，那里孕育了多彩的大地。

牧民的炊事

甘孜印象

甘孜州盛产青稞，在藏区享有“粮仓”的美誉。到了金秋季节，广袤的原野上，逶迤的雅砻江畔，一片片青稞田被阳光描绘成凝重的金黄色，格外灿烂、格外夺目。原野的尽头，隐约凸现出寺庙的金顶、白色的佛塔和错落的村寨，与绿色的山、银色的河和金黄的青稞构成了绝妙的图画。

金秋是丰收的季节，也是歌舞的季节、物资交流的季节，是甘孜人激情大放送的季节。每到这个季节，甘孜人都要择期举行“耍坝子”活动。“耍坝子”是甘孜特有

甘孜沙鲁里山脉（多吉彭措　摄）

的传统节日，有一百多年历史，是过去农闲时的沐浴节和丰收节合二为一的节日，藏历八月举行，为期一周。届时，四邻乡民汇集在一起，载歌载舞，有体育竞技和商品交易活动，使整个大坝变成一片欢腾的海洋。甘孜的歌舞中最具特色的是踢踏舞，这种舞音乐激昂、节奏强烈、舞姿奔放，最适合生命的张扬和激情的宣泄。

甘孜州不仅有广袤的草原、美丽的大江，还有奇峻的山峰。其东北的奶龙山最为秀美，被藏族人民尊为神山。奶龙山重峦叠嶂，奇峻而秀美。三座主峰被誉为观音峰、文殊峰和金刚手峰。在那里，每座崖、每条谷、每块石头都显得神秘而有灵气，山岩上有天然形成的吉祥八宝图案和佛经六字真言，还有涅槃树、佛命根树和千手观音图案。很可能千百年前这山上的奇观就已被人发现并赢得了人们的崇

收集牛粪（何乐　摄）

老年妇女（何乐　摄）

拜，所以格萨尔王曾在这山上活动并留下许多遗迹，一些高僧大德的像也被刻在了山岩上。山上还有许多奇异的洞，洞中岩石千姿百态，有的似虎似狮，有的似熊似豹。据说这座神山是莲花生大师在藏区点化的24座神山中的第8座，每到藏历鸡年，观音、文殊、金刚佛就会来此会聚，所以这里一年前来朝拜神山、煨桑祈福的藏族人民特别多。

甘孜州是川青交通咽喉，旧时的茶马古道和当今的川藏、川青公路都从这里经过。早在唐代，这里就有了贸易活动。元代开始，朝廷为便利军事和商务，在此设有驿站、官栈、台站。清以后，这里已发展成古道上的一处大商埠，川商、藏商、陕商、甘肃商达数十家之多。势力最大的是寺庙商，他们抽调精明的僧人专门经商，生意做到了成都、拉萨、日喀则，甚至国外。

甘孜州还是个宗教气息浓郁的地方，境内有金碧辉煌的大金寺、文物宝库东谷寺、美丽吉祥的甘孜寺等众多古老寺庙。当然最为驰名的还要数坐落在雅砻江边山湾里的白利寺，虽然这个始建于1662年的寺庙规模不大，却因五世格达活佛而名扬天下。

格达活佛出生在甘孜县白利乡德西底村，7岁时被认定为四世格达活佛转世灵童并进白利寺学习藏文，之后到拉萨学经8年。1936年，贺龙率红二军团北上抗日经过得荣，经巴塘、白玉、新龙到达甘孜。萧克率红六军团经过乡城稻城、理塘后，也经新龙到达甘孜。

这期间，格达活佛听信谣言，一度率僧众离开白利寺。后来被红军关心藏族人民的种种事迹所感动，毅然率僧众回到白利寺，并前往会见了朱德。这以后，他转变思想，动员僧众与藏族人民为红军筹粮、筹马，支持红军北上抗日。红军在甘孜成立中华苏维埃博巴政府时，格达活佛担任了副主席。后来两支红军队伍经朱德做工作，会合一起经色达县北上以后，格达活佛又为保护红军留下的伤员付出了艰辛努力。中华人民共和国成立后，他担任过西南军政委员会委员、西康省人民政府副主席。1950年，为和平解放西藏，他不顾个人安危去拉萨说服达赖喇嘛，不幸在昌都被外国特务杀害，时年48岁。

格达活佛为甘孜写下了红色的篇章，也为白利寺写下了红色的篇章。如今，白利寺六世活佛和僧人们依然以此为骄傲，他们保存着五世格达活佛的遗物，并建有格达活佛纪念室。

山中藏寨（何乐　摄）

雪山下的村寨

宏大的甘孜寺

山野经幡阵

甘孜寺全称“甘孜扎西罗布楞寺”，藏语意思是“洁白美丽吉祥珍珠湖”。关于此寺庙的起源，有这样的传说：500多年前，霍尔部落首领的长子在今热水塘坝建了旭日寺。后来，霍尔麻书土司之弟呷机·郎卡俄热从拉萨哲蚌寺学经多年返回该寺后，听信一云游喇嘛的占卜预言，将寺庙迁至有很多白石头的山坡上，即今址。现在见到的这座宏伟大寺，是20世纪80年代该寺成为甘孜州第一座对游客开放的寺庙后，政府拨巨款做了改建和维修的。

寺庙坐落于县城北面的山坡上，俯瞰着北面广阔的坝子；坝子居高临下，俯瞰着甘孜地区。大殿藏汉风格结合，四角飞檐，覆琉璃瓦，顶部装饰以铜宝瓶、铜如意。一层为大经堂，二层为护法神殿，三层为强巴佛殿，四层供奉着高僧觉卧仁波切。大殿四周僧舍密布。所有建筑依山势地形层层升高，远望去层叠有序。此外，还有一座弥勒殿。500多座僧房围绕各殿布局，气势宏大。20世纪末，该寺有活佛7人，僧侣700多人。

早在清初时，曲吉·昂翁彭措到达霍尔地方后，先建了一座白色的九层城堡，其内设佛塔，藏有佛经；康熙年间，他扩建了原来的甘孜寺，并成为寺庙住持。因得到麻书、孔撒土司的支持，甘孜寺迅速发展，设有郎吉、泽尼、阿巴3个扎仓，下辖白利、大金、桑珠、东谷、寿灵等13座分寺。13座分寺中，部分为活佛家庙，其余为甘孜寺属寺，由甘孜寺分派僧人管理。甘孜寺是少见的大寺，20世纪60年代僧人最多时达3200人，其中活佛7人，格西26人，僧官、总管等20余人。该寺活佛主要有7人：仲萨、日交、朗扎、香根、绒岔、那佑、苦马。香根活佛为主持活佛，即第一位活佛。香根活佛世系始于道光二十六年（1846），第一世香根活佛洛绒粗臣为十一世达赖三位候选灵童之一，因金瓶掣签落选后被送该寺，成为第一世香根活佛。

夜宿雅江

上午从理塘出发，中午就到了雅江县，本可以继续一路向东赶到康定，却被雅江这片土地吸引，我们便停车住了下来。

雅江县城很小，坐落在雅砻江边的山坡上，城区内没有一块宽坦台地，房屋随坡就势地建在陡坡上，远望去参差错落，层层叠叠。街巷窄而弯曲，行人车辆拥塞其中，交通颇为不便。我们经过了一番周折才找到一个窄小的停车场和一处私人旅店。

雅江是川藏交通的门户，是著名的关隘和渡口，是古代川藏茶马古道和今天的川藏公路（318国道）的必经之地，往来于康藏和西藏的商旅马帮、僧侣和官员都必须从这里经过。雅江县西俄洛乡杰珠村的“杰珠”二字，在藏语中就是汉族驿站的意思。清代诗人王我师曾这样描写古道必经的俄洛山：“草深堪牧马，烟重可藏兵。远望深无际，登高若有情。浮云飞片片，总是客中行。”民间诗人也有人更形象地描写了在雅江古道上行进的情景：“翡翠润客长，春不到山顶。溪水互迎送，走谷势俱猛。牦牛负粮行，兼驮蒙山茗。”

不过，最难的还不是登山，而是渡河。古时雅江渡口没有桥，虽有几只小船，却不能载马。过江时人在船上牵着缰绳，马从河里凫水，险象环生。若遇涨水，船不能开，待渡人马集结于两岸山坡，成几日上十日地等待。清朝时，朝廷派兵驻守渡口，并从汉地召来工匠制造了可载数十人的大船，但由于风大浪急，翻船之事多次发生。清末时，河上开始架钢索桥，官府请比利时工匠设计，又从汉口运来钢索，可谓费尽功夫，但桥建成后不久就因战乱而遭破坏。中华人民共和国成立后，这里有了可行汽车的钢架桥，从而结束了摆渡的历史。

郭岗顶风光

雅江郭岗顶云海

雅江扎坝女子服饰（多吉彭措　摄）

雅江康巴汉子（多吉彭措　摄）

虽然这里是一处交通要塞，却由于谷深坡陡，两岸没有平地，商旅们一路销售一路收购，并不在此停驻。因而，这里始终没能形成货物集散地，也没有出现大的坐商。据说，中华人民共和国成立前，江边除了十余家小商铺和县衙外，仅有十余户人家和一些船工。

雅江县城窄小且有些简陋，但县境内却有美丽迷人的自然风光和奇特的文化景观。西部的西俄洛、俄洛堆、德差、相格宗等地，风光绚烂绮丽，有阿尔卑斯山之美；庆达沟、祝桑、帕母岭等地，有雄奇的雪山、诡谲的峡谷、美丽的森林和广阔的高山草原。更有扎巴大峡谷的走婚习俗、建于元朝的格鲁派郭萨寺、郭岗草坝上的古堡遗址、木雅人和扎坝人的西夏遗风等种种人文遗存，弥漫着幽古而神秘的气息，令人神往前趋。

然而，夜晚电视上播报的天气预报打乱了我们畅游雅江的美好设想。天气预报说康南部分地区当晚到第二天有雨夹雪，最低温度为零下8℃。这是个令人意外而惊慌的消息。白天从理塘来雅江时，天空还碧蓝澄澈，山顶积雪闪耀着刺目的光亮，阳光射进车窗，灼得人脸上发疼，夜晚怎会就有雪呢！从雅江到康定的150多千米路途中，要翻越四五千米的高尔寺山和折多山，若有雨雪，高山顶上的路面就会结冰，轻型汽车就无法行驶。我乘出租车从陕西来到康南，若被困在雅江，四面没有出路，如同置身于孤岛，后果将不堪设想。司机小熊是个精干而吃苦耐劳的小伙子，他提议说立即起程赶路，连夜翻过高尔寺山和折多山。于是，我们找到店老板准备结账走人。老板娘一听我们要走就慌了，急忙说这是万万不可的，这条路上夜晚没人行车，你们两人一车，在那几十千米的峡谷中和没有人烟的高山上，随时都可能遇到人拦路劫车。既然如此，我们就只好听天由命地住下来。

这一晚，我直到半夜才入睡。第二天早上一醒，就跳下床去拉窗帘。令人惊喜的是天空碧蓝如洗，无一丝云彩，又是一个艳阳高照的日子。是走还是留呢？我们又犹豫起来。老板娘说，高原的天气变脸很快，已晴数日了，眼下是3月中旬，雨雪说有也就有了，你们还是趁天气好赶路吧。听了这些话，我们心虚，不敢逗留，便驱车向康定赶去。这样，就与雅江神秘的人文景观擦肩而过了，只能领略到公路沿途奇山异水的美妙风光。

著称于世的芒康盐井

芒康位于西藏自治区东南部的澜沧江畔，境内高峰耸立、河谷深切，原本是一片掩藏于横断山脉的荒远之地。自从有了川藏古道后，这里作为进藏后的第一个驿站，便渐渐被世人所知，也渐渐有了喧闹的气息。

不过，芒康的驰名，不仅仅因为它是川藏古道和今川藏公路214国道的交通要冲，还因为这里盛产人们最重要的生活必需品——食盐。芒康食盐产量大，可满足藏

牧场帐篷（陈学积　摄）

东和康巴大部分地区的需求。对于往来于茶马古道的马帮来说，除了茶叶，盐就是他们驮运最多的货物了。他们在芒康销售了货物后，无一例外的就是购买盐巴，将其驮往西藏或康巴地区。

芒康的盐资源是何时被发现并开始规模生产的，现在已不得而知。不过，这里的盐资源在古代一直是各部族集团争夺的对象这一事实，却是人所共知的。光绪年间的《续云南通志稿》记载，明万历年间，丽江木氏土司就曾率军向芒康发起进攻，吐蕃人在通往芒康的险要处建起数百座石碉用以防御，木氏军队“以巨木作碓，曳以击碉，碉悉崩，遂取各要地……”木氏扩张成功后，遂将一些纳西人迁徙到芒康定居。

藏族史诗《格萨尔王传》中，也讲了姜（纳西古国）与岭（格萨尔建立的葱岭国）争夺盐产地

澜沧江边的盐田（张北星　摄）

盐农从深井里背出卤水倒在盐田上即可晒盐（张北星　摄）

的战争故事。史诗描绘的战争波澜壮阔、情节曲折，但战争的起因却很简单。与岭国相邻的黑姜国是个土地肥美、富裕强盛的国家，国王叫萨丹，他不仅有武艺且精通妖法邪术。有一天，他一觉醒来后觉得心神不定，像缺少了什么。大臣们都不知道他为何心烦，只有姜国保护神知道原因。这天夜晚，保护神骑着三条腿的紫色骡子，闪电般地落在萨丹的宫中，并对已经进入梦乡的萨丹说："姜国不缺金银，不缺粮食和美女，只缺一样好吃的东西——盐巴，所以大王才心神不宁。北方的岭国有个阿隆巩珠盐海，大王若能抢过来，比得到堆积如山的金银珠宝更好。"萨丹醒后顿时精神振奋，决定立即调集兵马进攻岭国……

史诗中所说的岭国盐海，指的就是芒康的盐井。

吐蕃时期，盐比金子还贵。所以芒康的盐井就成了兵家必争之地。

除了岭国格萨尔王和纳西古国萨丹王为争夺盐井而发生过的姜岭大战外，还有一次盐井争夺事件一直被后人记忆。当时，澜沧江东岸的盐井要向一个巴塘贵族交税。这个贵族每到桃花开放时就去收税，因而当地人叫他“巴桃花王”。盐井百姓不满他来收重税，下决心要除掉他，就在他再来收税时，大家齐上阵将他打死了。为了共同承担责任，每家每户都在他身上砍一刀，留下刀痕。巴桃花王死后，百姓请贡巴寺土瓦喇嘛来平息此事。巴塘贵族一方决定：双方以力气和马上功夫为比赛内容，获胜一方有优先提出解决方案的权利。双方比赛，结果土瓦喇嘛获胜。于是，土瓦喇嘛提出了这样的解决方案：按惯例，被杀人的耳朵、眼睛、人头分别作价，由施害方赔给受害方。巴塘贵族只好接受这个裁决。从此，盐井百姓也卸下了交税的重负。

在时间的长河里，任何人的悲喜剧都是短暂的，瞬间即化为尘埃散去；而芒康盐井里涌出的一股股卤水却是久远的，千百年都不曾枯竭。如今，芒康澜沧江边的盐井古风犹存，盐井镇的藏族人民和纳西人依然在祖先开垦的盐田里以原始的方式晒盐，他们将卤水背到江边低平处让日光蒸晒，卤水晒干后结成的粗盐经进一步晾晒、打理后就成了食盐。

盐井镇的盐井主要分布在上盐井和下盐井两个村。上盐井村位于江的西岸，居住的是藏族人民，他们的盐田就建在江边平缓的沙滩上。下盐井村位于江的东岸，是一个纳西族村庄，由于地势陡峭，他们在山坡上以木柱作支撑，架起一个个平台，其上覆板铺泥，建成了鳞次栉比的盐田，远望去如层叠的梯地。奇怪的是隔江相望的两岸，生产的却不是一种盐。东岸晒出来的是白色的盐，西岸晒出来就成了淡红色。

做牛粪饼（多吉彭措　摄）

因为盐，两个族群曾在这里演绎出仇恨与血的故事；还是因为盐，两个族群在这里相对为邻、和睦相处，演绎出了多种文化相互融合的人文奇观。这里的纳西人住的是藏式碉楼，讲的是藏语，吃的是酥油茶和糌粑；这里的藏族有的信仰藏传佛教，有的则在做弥撒、唱圣歌；而这里的天主教似乎也变得更随和了，修的教堂是藏族风格，圣母马利亚圣像也接受了藏族人民敬献的哈达。

芒康盐井里涌出的一股股卤水是久远的，千百年都不曾枯竭。

芒康县简介

芒康，藏语意为“善妙地域”，是西藏昌都市最东端的县。它位于滇、川、藏交会之地，东与四川巴塘、南与云南德钦县毗邻，西与左贡接壤，北与贡觉相连。三国、晋、南北朝时期，芒康是土著居民与古羌族部落的混居地。隋朝时属白狼国，唐朝属吐蕃，元朝归中央政府管辖，明正德年间一度被纳西族占领，明崇祯年间一度被固始汗占领。顺治年间归西藏统治，康熙年间一度被内蒙古准噶尔占领，后归清朝。芒康有“西藏东大门”之称，古茶马古道和今滇藏、川藏公路的必经之处。境内横断山南北纵贯，有澜沧江、金沙江及70多条支流。著名山峰有达拉涅峰、达马压山、卡孜西卡冲山、旺秋占堆山等。全县面积1万多平方千米，人口7万多，平均海拔4317米，年均气温10℃。境内农业资源、水资源、森林资源、矿产资源、文化资源较为丰富。主要旅游景点有：茶马古道遗迹、红拉山滇金丝猴自然保护区、莽措风景区、摩崖雕塑、尼果寺、天主教堂、雪山、大峡谷、曲孜卡温泉等。

生栖秘境
影像香巴拉
SHENGQI MIJING

泸定桥

徜徉泸定桥

我每次路过泸定县城，都要到泸定桥头去徜徉一阵。每当我看见那座飞架于大渡河上的铁索古桥，心里就隐隐地有些兴奋。这不仅仅因为那是一座世界名桥，一座历经沧桑的古桥，还因为那桥头将军柱上的一段铁铸文字。

泸定桥是我国现存的两座最大的铁索古桥之一，位于中原汉地与康巴藏地交通的一处关隘，始建于康熙四十四年（1705），竣工于康熙四十五年。当时，四川总督能泰出于内地与边疆民族商贸交往和巩固朝廷在边疆的统治考虑，向朝廷上奏，要求于大渡河上修建铁桥。康熙欣然同意，便下诏建桥。由于地域偏僻、地势险要、工程浩大，朝廷调拨了大量银两，地方官府动用了大量人力、物力，前后历时1年多才完成这项西部重点工程。为了彰显建桥者的功绩，官府为有功之臣刻石铭文，在每根铁索的扁环上都铸有制造工匠的代号。在桥西头竖有一块铁碑（现已毁），上面铸有参与建桥的诸多参将、守备、千总的姓名，在桥头固定铁索的4根大铁柱（俗称将军柱）上，铸有造柱工匠的名字，至今铸文依然清晰可辨："康熙四十四年岁次乙酉九月造，陕西汉中府金火匠马之常铸桩重一千八百斤"。马之常，汉中府人，我也来自汉中。在这青藏高原东南边缘深谷地带的古桥铭文中看到同乡人的名字，着实有些惊奇。虽然马之常与我已相距3个世纪，但这铸文却使我感到亲切。

马之常是汉中何乡何村人，又如何参与了这项伟大的工程，这些都不得而知。不过有两点是可以肯定的：一是马之常定然是一个声名远播的工匠，二是官府调集建桥工匠是不受地域范围限制的。想必也正是因为汇集了各地能工巧匠中的精英，这座诏建大桥才修建得如此雄伟，如此工巧精美。桥头铁柱巍然屹立，13根百米长索横跨大江，铺在铁索上的一条条1丈余长、3寸宽的横板工整沉稳，桥索与桥板构成的走廊横贯大江，有傲然之姿、腾空之势，尽展其粗犷之美、强悍之美。东西桥头一高一低的设计也蕴含着一定的力学原理。因河谷风

康熙帝题写的泸定桥名

泸定桥桥头堡

大，桥头高低不等可减少桥身的摆晃。桥头、桥台以石条砌成，其上挺立着飞檐翘角的桥亭，亭上悬有风铃和匾额。桥头的碑亭里竖立一碑，碑上“泸定桥”三字与桥亭匾额上的“泸定桥”一样，均为康熙御书。三个楷体大字稳沉而矫健，极富功力，令观者称赞不已。桥两头还分别铸造了长约1米的铁犀牛一头和浮雕蜈蚣一条，以镇“水妖”。远远望去，飞架的大桥、古老的碑亭、咆哮的江水和巍峨的高山，构成了一幅无与伦比的人文自然画卷。

300多年前，在没有公路的地方，在不产铁的地方，在奔腾咆哮的大江上空，是如何建造出如此气势宏大的铁桥的呢？不仅我们为古人的智慧和力量所折服，古人也曾同样地为其震惊。所以在泸定、康定甚至更远的地方，藏族同胞们就附会出种种关于马之常等工匠的神话传说。

相传，康熙皇帝下了修桥诏后，方圆百里的百姓无不欢天喜地，大批人马开始寻找造桥所需的铁。一些人在二郎山找了七七四十九天也没找到一块铁，于是又到更高、更远的贡嘎山去找，结果看见东灵山上闪出一道红光，随即又听见一声巨响，便有一股红彤彤的铁水喷涌而出。在汉族铁匠马之常的带领下，众桥工用铁水铸了4根大铁柱，每根重一千八百斤，10多个人都抬不动。这时，一个叫郭达的大汉大步而至，他只用双手轻轻一搂，就将铁柱抱起来并安放在桥头。桥工们感激不尽，正欲酒肉招待，郭达却一转眼不见了。有了铁柱又如何安装沉重的铁链呢？于是出现了一个叫嘎达的藏人，将铁链夹在腋下，乘船往返于江两岸，遂将巨链架好……

传说归传说，表达的却是人们的情感和意愿。事实上，在建桥过程中，肯定遇到了种种困难和挫折，肯定是上至官员下至百姓，都为此付出了自己的力量和智慧。据清代王锡祺的《小方壶斋舆地丛钞》记载，康熙年间修建此桥时，曾于东岸先系铁索，以小舟载铁链，过重，未及对岸辄覆，久之不成。后一蕃僧教以巨绳先系两岸，每绳上用数十短竹筒贯之，再以铁索入筒，缚绳数十丈，于对岸牵曳其筒，筒达铁索亦至。这僧人教的方法似乎是借鉴了康巴藏区各民族溜索渡江的原理。

泸定桥的建成，首先是造福了当地民众，他们纷纷迁于大桥两头邻近处定居，村庄很快形成镇子，最终又形成县城。其次是大大方便了茶马古道上的货物运输。因为雅安一带所产的茶叶要经过背夫背运到康定后，再由马帮队伍驮运到康区及西藏地区。而背夫们都无一例外地要从被视为川藏门户的泸定渡河。据记载，泸定桥修建前，泸定大渡河上有十多处渡口和十余处索道。大桥建成后，以前溜索、渡船的行旅者都愿意从桥上经过。不过朝廷在意的仿佛不是商路的畅通，而是川藏要衢一个凭借天险的镇守之处的形成。所以康熙皇帝在大桥竣工后为此命名并御书了“泸定桥”，意为泸河一带就此安定了（泸定县名也来源于此）。到了雍正八年（1730），为加强对茶叶贸易的管理和对大桥的保护，朝廷还在泸定桥设了巡检司，建了巡检署，驻有清兵对过往商旅进行检查。民国时期的刘曼卿女士在《康藏轺征》对此曾这样写道：“设兵于桥东西两岸，盘查过往行客。朝夕开启封销，稽查更甚严密。”

泸定桥不仅因其为中国现存第一铁索古桥而著称于世，还因其见证了血与火的历史而令人传颂不已。1935年5月，红军北上途经大渡河畔，为了粉碎蒋介石梦想把红军变成第二个“石达开”的阴谋，以毛泽东为首的中央革命军事委员会决定火速夺下泸定桥。当时桥上没有桥板，只有13根铁索在空中晃动着。红军红四团二连22名勇士冒着对岸的枪林弹雨，从铁索上爬向对岸，冲进燃烧的桥楼，夺取了桥头控制权，创造了战争史上的奇迹。毛主席后来写下的《长征》诗篇中也就有了“大渡桥横铁索寒”的诗句。现在泸定桥头修建了“红军飞夺泸定桥纪念馆”，馆名由邓小平题写，馆前修建了纪念碑，碑下花岗石平台上雕塑有红军激战的形象。

徜徉于泸定桥头，我总有许多感慨。是啊，我的同乡马之常，一个民间工匠，能把名字融入一座伟大的、著称于世的古桥，也融入藏族人民关于大桥的神话般的故事，虽然还不算万古不朽，却也是千古流芳了，这的确是一件幸事。

泸定桥

玉龙山下的湖泊（王寿林　摄）

徐霞客的滇西情结

徐霞客是明末名满天下的地理学家、旅行家，他是以他的《徐霞客游记》而流芳后世的。在这部巨著中，占篇幅五分之二的《滇游日记》达20万字，是他远游滇西耳闻目睹的记录，是他生命在最后时光里的写照。

徐霞客的滇西之旅是漫长而艰辛的壮举。那次游行是从崇祯九年（1636）农历九月十九日开始的。当时他与高僧静闻结伴，从江苏江阴出发，经湖南、广西、贵州，历时20个月，于崇祯十一年（1638）五月中旬到达云南昆明。这次旅行一开始就有了不祥的预兆，在湖南过湘江时，船上遭遇盗匪，静闻为了保护他刺血抄写的、准备供奉于鸡足山的《法华经》，愤然跳水，将经书高举过头顶从河里逃跑，使经书得以保存。后来，他们从昆明向滇西行进，就在登临佛教圣地鸡足山的宏愿即将

横断山脉

实现的时候，静闻不幸生病圆寂了。为了却静闻生前愿望，徐霞客将静闻运到鸡足山，安葬在悉檀寺旁。

鸡足山位于宾川、剑川、永胜等县交会处，以主峰天柱峰为中枢，前列三峰、后拖一岭，形似鸡足。山上瀑布、怪岩、古林、白云相映成趣，风景绝佳。有寺院多处，僧人五六千人，是著名的佛教圣地。徐霞客下榻于悉檀寺后，就开始了他的考察、游历和写作，这是1638年腊月下旬的事。

1639年正月二十日这天，徐霞客接到了丽江已卸任的第十三任世袭土知府木增派通事送来的请柬，邀他前去丽江。他自然很高兴，丽江是他向往已久的地方，那里不仅有大江纵横、雪山高耸等奇异的地理地貌和纷呈异彩的民族文化风情，还有一位他渴望一会的人物——木增。木增字生白，纳西名“阿宅阿寺”，也是位传奇人物。在爷爷、父亲相继遭遇不幸后，木增11岁继位。11岁这年，惊涛骇浪就向他们木氏基业袭来：首领阿丈剌毛率部族前来进犯，母亲罗恭人披甲跃马，他亲自执桴助阵，最终率众击败了敌人。此后20多年的岁月里，木增经常率众征战，拓宽了木氏疆域。然而，当木氏统治处于鼎盛时期时，这位年仅37岁、能文能武的纳西王却隐于山林，住进了提前修建的福国寺里，过起了餐风咽露的日子。木增是一个汉文化底蕴极为深厚的人，精通诗词歌赋，遍观诸子百家，书法也颇有造诣；他还是纳西族最有成就的诗人，诗词作品分编为《芝山集》《光碧楼选集》《啸月函》等7部，并有1000多首后来被收入《四库全书》，《云南丛书》亦收20多首。所以，与这位有深厚汉文化修养的纳西土酋会晤，对徐霞客来说尤为重要，这既是他滇西之行的目的之一，也是他写作游记的重要内容。

1639年正月二十五日，徐霞客在通事的陪同下到了丽江，当晚住在大研镇（今丽江古城）通事的家中。在小楼上，他推窗眺望，房屋栉比、溪流潺潺、绿树成行，玉河桥、象眠山、文笔峰遥遥在望，他挥笔记下了当天的经历和见闻，其中特别记载了他眼中的木氏纳西王的府邸："郡署踞其（指象山）南，东向临玉河，……所谓黄峰也，俗也称天生寨。木氏居此二千载，宫室之丽，拟于王者……"

四天以后，徐霞客由通事陪同，骑马到了丽江城北二十里处的芝山福国寺，下榻于法云阁前南厢房里。福国寺是一处寺庙与别墅合一的建筑群，有房五大院、十八小院，坐落于芝山山腰台地，四面古木环围，前与玉龙大雪山对峙。这是木增在位时修建用来退隐山林的去处，原名"解脱林"，熹宗皇帝赐名"福国寺"，并亲笔题写了匾额。乾隆年间的《丽江府志》有这样的记载："林木幽异，岩畔有洞，旁建解脱林，明熹宗赐

徐霞客住宿过的木府五凤楼（金沙工作室　摄）

徐霞客雕塑（杨凌宇　摄）

玉龙山下的河流（王寿林　摄）

名福国。”福国寺由此得名。木增在退位后的岁月里，大多都在那里过着闲云野鹤的日子。福国寺建筑宏伟而精美，堪称滇西建筑中的精品。特别是正殿之后高台上的法云阁，八角飞檐，从四周任何角度望去，都似五只彩凤飞翔，故又称“五凤楼”。徐霞客对福国寺的环境和建筑颇感惊异，曾在日记中详细记载。

徐霞客与木增这两位老人、两位奇人在福国寺的面晤，于他们各自都有极其重要的意义。这次面晤双方都感到荣幸，都有相见恨晚之感。木增以隆重的礼节接待徐霞客，赠送了银杯、铜锁、彩缎等多种礼物，并每天都设豪筵以待。

徐霞客下榻福国寺期间，每天忙到深夜，应邀为木增的一本书札做校正。他详细纠正了书稿中的错谬，加注了标点，划分了类别，写了序言。木增还拿出了自己的许多诗让他提意见，徐霞客都一一过目，指出瑕瑜。为了表达谢意，木增吩咐手下向徐霞客赠送黄金四两及一些其他礼品。这段时间，徐霞客曾要去东巴文化发源地白地峡谷和中甸一游，由于木增的阻拦没能如愿。因为这年徐霞客已经53岁，不宜去历险。所以，徐霞客在《滇游日记》中对白地峡谷白水台的描写只能是根据耳闻，与实际情形多有差距。

徐霞客在福国寺共住了8天，

后应邀到木氏府邸住了一夜，曾为木增的第四子木宿教授过作文。第二天，他怀着依依不舍的心情离开丽江到其他地方游历去了。游历中，他曾遇到一件很糟糕的事：仆人夜晚携带着他的金银资财出逃了，这给他沿途食宿行旅带来了很大困难。同年八月二十二日，他终于回到了先前曾驻足过的鸡足山，并与木增取得了联系。他在鸡足山足不出户、朝暮伏案，编写了《鸡足山志》八卷，撰写了《滇中花木记》《丽江纪略》《法王缘起》《江源考》《盘江考》等重要文章和一些游记，对滇西的地理地貌、江河源流、风物民情、历史文化等进行了研究和著述，并首次提出了金沙江是长江源头的论断。也就在这期间，厄运已悄然逼近：他双腿患病，失去了行走的能力。这位“墨颧云齿，长六尺，望之如枯道人”的旅行家，已过天命之年又客居他乡，再患腿疾，的确是一个凶兆。木增得知情况后，迅速派人用滑竿抬着徐霞客返乡。5名纳西大汉抬着他日夜兼程，历时150多天，到达湖北黄冈；后改乘木船沿长江而下，又历时6天，将他送回了江阴老家。

徐霞客回家后，再也没能起床，他终身热爱的旅行也就此终结了。但他躺在床上念念不忘他的滇西之旅，深深地怀念那里的高山大江，怀念那里的历史文化和风土人情，怀念那里的民族和那些真诚友善的朋友……1641年的正月，他因病不治告别了人世。他留下的文章被亲友整理后编为十三卷的《滇游日记》，这是他全部著作的重要组成部分。

亚丁风光（宁纪宇　摄）

参考书目

◇《德格县志》，四川省德格县志编纂委员会编，四川人民出版社，1995年5月版。

◇《丹巴县志》，四川省丹巴县志编纂委员会编，民族出版社，1996年6月版。

◇《墨尔多神山》，李茂、杨先郎布、舒福秋编，1997年内部印刷。

◇《走进康巴》，陈焕仁著，巴蜀书社，2004年8月版。

◇《西藏佛像集粹》，贾林编著，四川美术出版社，2005年10月版。

◇《唤醒沉睡的善地》，泽尔多吉著，德格县格萨尔学会印行，2003年。

◇《迪庆：香格里拉》，合和主编，云南大学出版社，2001年10月版。

◇《新编怒江风物志》，赵伯乐主编，云南人民出版社，2000年6月版。

◇《神与人的和弦：走进心中的香格里拉》，王达人、扎西尼玛著，云南民族出版社，2000年2月版。

◇《藏族：佛光里的诗化人生》，杨学政、格茸拉姆著，云南教育出版社，1995年5月版。

◇《怒族》，段伶著，民族出版社，1991年1月版。

◇《丽江》，中国图志系列丛书编委会编，群言出版社，1999年4月版。

◇《一个民族的脊梁》，郑海、殷海涛著，云南教育出版社，1995年5月版。

◇《怒江傈僳族》，司忠诚主编，民族出版社，2004年1月版。

◇《彝族：多元文化中的情韵》，杨士杰著，云南教育出版社，1995年5月版。

◇《香巴拉神殿：德格》，热贡·多吉彭措摄影，四川民族出版社，2004年5月版。

◇《丽江史话》，杨世光著，云南人民出版社，2001年5月版。

◇《恢宏千年茶马古道》，亮炯·朗萨著，中国旅游出版社，2004年8月版。

◇《康藏佛光》，杨健吾著，巴蜀书社，2004年8月版。

◇《消失的地平线》，[英] 詹姆斯·希尔顿著，罗尘编译，陕西师范大学出版社，1999年10月版。

◇《独龙族：自然怀抱中的文面女》，罗荣芬著，云南教育出版社，1995年5月版。

◇《佛教知识小百科》，禾三千、吴乔编著，黑龙江美术出版社，2006年12月版。

◇《玉龙山》，2003~2005年。